Disciplina en la infancia ¿Por qué? ¿Cómo?

FAMILIA Y ESCUELA TRABAJANDO JUNTAS

Brigitte Racine

CORTEZ EDITORA   **narcea**

Dados Internacionais de Catalogação na Publicação (CIP)
(Câmara Brasileira do Livro, SP, Brasil)

Racine, Brigitte
 Disciplina en la infancia : ¿Por qué? :
¿Cómo? : familia y escuela trabajando juntas / Brigitte
Racine ; [traducción Carolina Ballester]. -- São Paulo : Cortez ;
Madri : Narcea, 2016.

Título original: La discipline, un jeu d'enfant

ISBN 978-85-249-2482-8 (Cortez)
ISBN 978-84-277-1890-6 (Narcea)

1. Disciplina escolar 2. Disciplina infantil
3. Educação de crianças I. Título.

16-06335   CDD-371.5

Índices para catálogo sistemático:

1. Disciplina escolar : Educação   371.5

A René, Jean-Gabriel y Pierre-Olivier:
por lo que me han dado,
por lo que me han enseñado,
por lo que son
y por lo que me han permitido llegar a ser.

Direitos de impressão no Brasil — Cortez Editora

Rua Monte Alegre, 1074 – Perdizes
05014-001 – São Paulo – SP
Tels.: (55 11) 3864-0111 / 3611-9616
cortez@cortezeditora.com.br
www.cortezeditora.com.br

Nenhuma parte desta obra pode ser reproduzida ou duplicada sem autorização expressa da autora e do editor.

© NARCEA, S. A. DE EDICIONES, 2012
Paseo Imperial, 53-55 28005 Madrid (España)

www.narceaediciones.es

© Hôpital Sainte-Justine. Montréal. Canada
Título original:*La discipline, un jeu d'enfant*

Traducción: Carolina Ballester
Dibujo de la cubierta: Roser Bosch

Edição original
ISBN: 978-84-277-1890-6 (Narcea)

Impresso no Brasil — agosto de 2016

Índice

INTRODUCCIÓN 7

1. ¿DE QUÉ TIENEN NECESIDAD LOS NIÑOS? 11

¿Necesidades o deseos? Los comportamientos desagradables. Amar y ser amado. Necesidades afectivas del niño. La necesidad de amor. La necesidad de seguridad. La necesidad de sentirse competente. La necesidad de libertad. La necesidad de placer.

2. ¿QUÉ ES LA DISCIPLINA? 41

Animar a que se respeten las normas. La disciplina, ¿dónde y cuándo? ¿Cuándo intervenir? ¿Para qué la disciplina? ¿Cómo establecer la disciplina? Cuando se unen sensibilidad y firmeza. Etapas para establecer una disciplina positiva.

3. ¿NOS CANSAMOS DE REPETIR SIEMPRE LO MISMO? 55

¿Es eficaz repetir siempre las mismas cosas? Poner fin a las repeticiones, a las amenazas y a los gritos. El método «Estima». Decir al niño con claridad lo que esperamos de él.

4. CASTIGOS Y RECOMPENSAS: SUS EFECTOS NEGATIVOS 63

¿Por qué castigamos? Cuando los castigos ya no funcionan. Efecto negativo de los castigos repetidos. Las recompensas.

5. «REPARAR» MEJOR QUE CASTIGAR 69

¿Qué es la reparación? ¿Cuándo y cómo se debe reparar el daño? Encontrar un comportamiento alternativo. Siempre es tiempo de reparar las faltas.

ÍNDICE

6. LA DISCIPLINA EN EL ÁMBITO FAMILIAR 77

El sentido de pertenencia. Nuestras normas reflejan nuestros valores. Compartir las tareas familiares. Algunas tareas que puede realizar el niño segun su edad. Cómo animar a los niños a que participen en las tareas domésticas. Sueños de familia. La capacidad de admirarse a cualquier edad.

CONCLUSIÓN 91

BIBLIOGRAFÍA 93

Introducción

Hemos de constatar que, con frecuencia, los sueños de los padres para el porvenir de sus familias «ideales» se desvanecen ante la dura realidad que significa educar a unos niños desbordantes de energía. En mis propios sueños, yo me imaginaba a la mesa con mis hijos; comíamos casi en silencio, conversando tranquilamente y pasándonoslo bien.

Pero, en lugar de esto, la realidad cotidiana era que yo lanzaba órdenes y contraórdenes: «Siéntate como debes, deja de hacer ruido con los cubiertos, no apoyes los codos en la mesa...». Yo había observado en los niños de los demás crisis, desacuerdos y comportamientos reprobables, pero me hacía la ilusión de que esto no me sucedería con los míos y que, para calmarles, evitaría las repeticiones, las amenazas y los gritos.

La maternidad me hizo poner los pies en el suelo y ser más realista y comprensiva. Enseguida admití que primero tenía que reconocer los valores y contravalores que yo misma había recibido de mis padres. Sabía que ellos deseaban darme lo mejor de ellos mismos, que muchas veces habían dudado de sus intervenciones y que otras muchas veces se habían preguntado si lo estaban haciendo bien. Pensando en mis padres, en mi admiración por ellos, conseguí ser consciente de mis propias limitaciones. No, todo no iba a ser dulzura y tranquilidad. Me había convencido de que tenía que «establecer una disciplina y hacer que la cumpliéramos todos» y mis únicas armas hasta entonces eran amenazas de privación y castigos.

¿Dónde quedaba la intervención de una madre cariñosa, divertida, que actúa con calma y con tacto? ¿Podía imaginar que iba a ser como «la malvada madrastra» durante los diez o quince años siguientes? ¿Cómo ayudar a mis hijos a ser buenas personas, cuando yo misma no transmitía nada positivo? ¿Existía un medio para ser y actuar de otro modo?

Me puse manos a la obra, acompañada por el padre de mis hijos, procurando los dos dar lo mejor que había en nosotros. En el transcurso de los meses y de los años he aprendido y experimentado lo que propongo en este libro.

Lo más importante es la actitud de los adultos, ya que son referentes para el niño. El niño aceptará comprenderlos y colaborar con ellos si su actitud se apoya en el amor y la compasión. Entonces se dejará guiar e influenciar.

A falta de ser perfecta me he vuelto más sensible a las necesidades de mis hijos, primero me he puesto en su lugar, he tenido menos en cuenta los juicios de los demás, y más los sentimientos y necesidades de los míos. Me he hecho más humana, más cercana a la madre que había deseado ser y, de alguna manera, un poco más competente.

Ser un modelo es el mejor medio de educar a los niños. Los comportamientos que nosotros deseamos ver en nuestros hijos o en nuestros alumnos, hemos de aprender a vivirlos nosotros mismos.

Para ejercer influencia en un niño es primordial establecer un sólido lazo de confianza. Ante todo hay que satisfacer sus necesidades afectivas. Cuando el niño se siente amado, valorado y seguro, cuando se confía en él y se comparten con él momentos de placer, éste tiene ganas de colaborar, de dar gusto, de vivir en armonía, en una relación donde el uno preste atención al otro. En la naturaleza de un niño está querer dar gusto a las personas que son importantes para él. ¡Es tan sencillo como un juego de niños!

Este libro contiene toda una serie de medios simples, concretos y eficaces, que se pueden aplicar en situaciones de la vida diaria del niño y en sus espacios más habituales: la casa y el colegio, los dos lugares donde pasa la mayor parte del tiempo de la infancia. Por eso es un libro que puede ser útil tanto a padres y madres, como a maestros y maestras, también a educadores, cuidadores, y cualquier otra persona que esté dispuesta a asumir con responsabilidad y entusiasmo la hermosa tarea de educar a un niño.

En el primer capítulo de este libro se establecen las necesidades básicas que el niño, como cualquier otro ser humano tiene, y que deben ser tenidas en cuenta al establecer una disciplina.

En el segundo capítulo nos adentramos en el término disciplina, un término a veces denostado por haber sido ésta entendida y ejercida de una forma negativa. Sin embargo todos reconocemos la necesidad de límites para el desarrollo armónico de la persona, y es en este sentido en el que hablamos de una disciplina positiva.

Siguiendo esta línea, los capítulos siguientes nos dan pistas de qué hacer o no hacer cuando queremos establecer una disciplina que ayude a todos a vivir juntos y a desarrollarse como personas.

El último capítulo se centra en el medio familiar como primer espacio de socialización del niño, donde se establecen las primeras bases, límites y normas de la vida en sociedad.

Presentamos medios capaces de llenar las necesidades del niño y de ayudarle a hacerse autónomo y responsable. Si se ponen en práctica con el interés de cuidar al niño y de llevarle a realizarse plenamente, obtendremos más de lo que esperamos.

1. ¿De qué tienen necesidad los niños?

> «Si tratáis a una persona según lo que debería y podría ser, llegará a ser lo que debería y podría ser».
>
> GOETHE

¿Cuáles son las necesidades de los niños de hoy? Principalmente sentirse amados. ¿Necesitan tener todo lo que piden? ¿Todo lo que los demás tienen? ¿Necesitan tener de todo? ¿Se puede ser feliz, divertirse y reír sin cesar? Es dudoso que sea realista plantear la vida de esta forma.

En realidad cuanto más pronto aprenda el niño* que la vida se compone de placeres y de penas, de nacimientos y de muertes, de pérdidas y de duelos, más libre será su recorrido. Como adultos le habremos preparado para aceptar los reveses del azar y las desilusiones, mucho más si nosotros mismos lo hacemos. Seremos el modelo en el que se inspirará.

Algunos adultos son proveedores de felicidad…, a costa de olvidarse de sí mismos para dejar libertad total a los niños que, puesto que se les ofrece todo el espacio sin cortapisas, no se privan de ocuparlo.

---

* Se opta, a lo largo de esta obra, por el uso genérico del masculino con objeto de facilitar la lectura y sin ánimo alguno de exclusión.

En esta situación, en la que los adultos dicen un SÍ rotundo a todo, ¿puede el niño admitir verdaderamente que los demás también tengan necesidades y deseos? ¿Cómo llegará a comprender que no siempre tiene la preeminencia y que también debe contribuir al bienestar de su entorno? Hay que saber que el NO puede ser también una respuesta impregnada de amor. Así, cuando a un niño se le quitan sus cubiertos, porque los utiliza para hacer ruido en la mesa, se le está ayudando.

¿Qué clase de valores se transmitirían al niño si se le dejase hacer todo lo que quisiera? ¿Cómo viviría en armonía con los demás si fuera rey y dueño absoluto?

Héctor, de 4 años, entra por la mañana a la escuela infantil empujando a los compañeros y, generalmente, tiene rabietas para regresar a su casa. Está huraño todo el día, no colabora, y quiere ser él el que lo decida todo. Se niega a compartir y nunca cede su puesto. Monopoliza toda la atención de la maestra, que tiene que intervenir constantemente, repetirle las consignas y recordarle las numerosas normas que infringe. Los responsables de la escuela han advertido a sus padres que, si su comportamiento no mejora, será expulsado en el plazo de un mes.

Sus padres presumen de que no tienen dificultad con él en casa. Héctor decide la hora de irse a acostar, por supuesto, muy tarde. Además él elige la cama en la que quiere acostarse, que suele ser la de sus padres. También decide la hora de las comidas, el lugar donde tomarlas e, igualmente, el menú. Cuando los padres compraron una casa nueva, le dijeron a Héctor que era «su» casa. Todo esto para consolarle, porque no quería mudarse. Cuando las cosas no se presentan como él las interpreta, Héctor les amenaza con echarlos de «su» casa. Ahora los abuelos de Héctor y su tía ponen toda clase de pretextos para no quedarse con él.

Héctor no acepta ninguna contrariedad. ¡Qué dura le resulta la guardería! Sus padres no le han preparado para vivir en sociedad. No ha aprendido que los otros existen y que a veces le toca al otro escoger o ser el primero. Tampoco ha comprendido que algunas veces no le corresponde elegir. En cuanto a sus padres, han decidido que después de un día de trabajo no tienen ganas de aguantar rabietas o conflictos. Como solución satisfacen sin reserva todas las peticiones del hijo. ¿Está preparado Héctor para la gran aventura de la vida?

¿En qué consiste nuestro deber como adultos: padres y maestros? ¿En enseñar a los niños a vivir en sociedad, a respetar las normas establecidas, a ser amables y bien educados? ¿En escoger los medios para que desarrollen sus capacidades y lo consigan? La realidad es que nuestra principal tarea consiste en ayudar a cada niño a ser una persona capaz de realizarse. Sin embargo los medios utilizados para conseguirlo son diferentes. Si nuestras intervenciones están impregnadas de humanidad y preservan la dignidad de nuestros hijos, ellos irán adelante en la vida con esa dignidad.

La visión que tenemos de nuestra misión de educadores, ya sea como maestros o como padres, juega un papel fundamental en nuestra forma de educar a los más pequeños. Gobierna nuestras actitudes y comportamientos, desarrolla o limita nuestro potencial y nuestras aspiraciones. Como ejemplo, tenemos una anécdota que presenta a tres trabajadores en una obra a los que se pregunta qué van a hacer. El primero responde: «Estoy apilando piedras», el segundo: «Estoy construyendo un muro» y el tercero responde con orgullo: «Estoy construyendo una catedral». Lo mismo sucede con la misión del adulto. Cuando todos los medios son buenos para que el niño haga sus deberes, incluidas las amenazas, el adulto está apilando piedras. Por el contrario, si su objetivo es ayudar al niño a cumplir sus tareas de forma responsable, con el mayor disfrute posible, y a asumir las consecuencias cuando decide no hacerlas o hacerlas chapuceramente, trabaja construyendo una catedral.

¿Hay una experiencia más extraordinaria que la de educar a un niño? Qué responsabilidad tan importante la de asumir plenamente este papel, que consiste en enseñar a los niños a arreglárselas sin nosotros, a protegerlos sin sobreprotegerlos, a dirigirlos sin dominarlos a fin de que, con el paso del tiempo, aprendan a ser dueños de sí mismos, a encarnar los valores, a transmitirlos las veinticuatro horas del día, los siete días de la semana…, sin cansarse. Es una tarea noble, pero que exige mucho, porque consiste en valorar la capacidad y las aptitudes del niño sin proyectarse demasiado uno mismo; en no imponerle aquellas aptitudes que uno mismo no ha podido desarrollar; en amarlo por lo que es y por lo que está llegando a ser, y no por lo que se desearía que fuera.

Educar es un reto de envergadura, un trabajo continuo, una historia sin fin de amor y de respeto.

El establecimiento de las normas juega un papel importante en la vida escolar y familiar. Los adultos deben ser constantes en aplicarlas si no, es un desconcierto. ¿Cómo decir no, prohibir temporalmente un comportamiento o un juguete, cómo dejar para más tarde una actividad? ¿Cómo resistir al deseo de eludir nuestras propias normas por dar gusto a los niños o por evitarnos la responsabilidad? ¿Cómo resistir el miedo y el sufrimiento de frustrarlos, de traumatizarlos, de decepcionarlos, de que no se sientan amados... y de cargar con una rabieta? Cuando decimos *no* al niño le damos automáticamente el derecho de réplica, porque necesariamente, él va a reaccionar.

Las penas y las aflicciones forman parte de la vida, lo mismo que la alegría y la dicha. Privar al niño de esta experiencia es despojarle de una parte de su vida, de una parte de sí mismo.

Cuando Adriana, de 5 años, reclama el mismo juego que una amiga, antes de acabar la jornada, sus padres se lo procuran. ¿Por qué no hacerla dichosa? ¡Da tanto gusto verla sonreír...! Y además, ¡sólo la tienen a ella! Cada vez que salen es motivo para comprar algo.

¿Por qué no, si pueden? Sin embargo, a medida que Adriana se va haciendo mayor, más constata su madre lo difícil que es hacerla feliz siempre. Por ejemplo, Adriana se ha inscrito recientemente en un curso de danza. Después de dos clases solamente, ha tenido una rabieta terrible, porque no quiere volver más. Le es imposible admitir que otras son mejores que ella. ¡Esa dicha, no pueden sus padres procurársela! Entonces, para evitar que se sienta desgraciada, le pagan cursos particulares de danza.

Podemos preguntarnos hasta dónde llegarán estos padres para hacer feliz a su hija, para evitarle cualquier desagrado, cualquier sufrimiento.

En la tarea de establecer límites y normas, padres y maestros han de trabajar conjuntamente. Como profesionales de la educación es parte de la tarea de maestras y maestros orientar a los padres en la forma de establecer una disciplina positiva en la vida cotidiana de los niños, así como de ofrecer a los padres herramientas para ello. Los padres pueden ofrecer a los educadores información regular de la vida y hábitos del niño fuera de la escuela y pueden compartir con los educadores los criterios y valores que desean transmitir a sus hijos.

¿Necesidades o deseos?

¿Cuál es la diferencia entre una necesidad y un deseo? Alimentarse es una necesidad, comer solo dulces es un deseo. Dormir es una necesidad, acostarse tarde es un deseo. Jugar es una necesidad, querer quedarse en el recreo después que haya terminado es un deseo.

Respecto a las necesidades físicas y afectivas del niño, los adultos que aplazan esa satisfacción corren el riesgo de perjudicar su desarrollo. Así, el niño con déficit de sueño está huraño, impaciente e intolerante, y este déficit puede también causar un retraso en el crecimiento. El niño cuya necesidad de atención no está satisfecha capta que si es desagradable se van a ocupar de él. Esta forma de comportarse le perjudicará puesto que buscará la atención de otros adultos de la misma manera, es decir, comportándose de forma desagradable.

En cuanto a los deseos, el papel de los padres y maestros consiste en oírlos y reconocerlos, aun cuando no los satisfagan integralmente.

¿Qué respuesta se debe dar a Saray que expresa el deseo de que se le lea un cuento inmediatamente? «Sí, cuando acabes la tarea».

¿Y a Pilar que quiere jugar ahora mismo una partida de ajedrez? «El sábado, podremos».

¿Y a Ana que pide un juguete caro? «Puede ser que en tu cumpleaños, o por Navidad».

¿Y finalmente a Sofía, que pide una hermanita? «Quién sabe, a lo mejor un día, o pudiera ser que nunca».

Así es como estos niños aprenden a aplazar la satisfacción de sus deseos y a perseverar en ellos. Algunos de sus deseos se satisfacen, otros no. Algunos rápidamente, otros más tarde o incluso nunca. El niño, cuyos deseos se satisfacen rápidamente en su mayoría, no aprende a esperar, a perseverar y a esforzarse. Para aprender a leer, por ejemplo, hace falta esfuerzo y perseverancia.

Si el niño constata que los adultos han interpretado bien sus necesidades y comprendido sus deseos, se siente importante. Éste sentimiento tiene mucho más valor para él que el cuento, la partida de ajedrez o el juguete caro. Acepta mucho mejor la negativa y los límites que se le imponen cuando se sabe comprendido.

Los comportamientos desagradables

Cuando el niño grita expresa la necesidad de ser visto, oído, reconocido y respetado. Sin embargo, su forma de comunicar esta necesidad es inaceptable, puesto que ataca a la persona que tiene la posibilidad de responderle.

Los niños que tienen las mayores necesidades son los que peor se las componen para dar a entender lo que quieren. No se les ha enseñado a hacerlo de forma conveniente y responsable. Los que tienen mayor necesidad de amor son los que nos parecen los menos amables y los más difíciles de amar. Nos hace falta compasión para llegar a ponernos en el lugar de estos niños y para descifrar el sentido de sus comportamientos perturbadores.

William Glasser (1996), psiquiatra y consultor en educación, explica que todo comportamiento está provocado por la satisfacción de una necesidad. Según él hay que empezar desde la primera infancia a enseñar a los niños a expresar sus necesidades y aprender a satisfacerlas en la medida de sus posibilidades. Si esto falta, aparece el sufrimiento, lo que nos lleva siempre a buscar medios completamente utópicos e inapropiados para satisfacerlas. Cuanto más jóvenes aprendamos, y de la manera adecuada, más satisfactoria será nuestra vida.

¿DE QUÉ TIENEN NECESIDAD LOS NIÑOS?

La responsabilidad es un concepto básico de esta terapia de realidad. William Glasser la define como la capacidad de satisfacer nuestras necesidades de una manera que no impida a los otros su capacidad para satisfacer las suyas propias. Esta capacidad, tenemos que aprenderla. El niño debe ser educado a través de una justa proporción de amor y de disciplina.

La forma en que intentamos satisfacer nuestras necesidades puede descubrirse que no es eficaz ni aceptable. Algunos adultos hablan muy fuerte para llamar la atención mientras que otros desarrollan un sentimiento de superioridad en su deseo de ser reconocidos y valorados. En cuanto a los niños que actúan de modo inaceptable para satisfacer sus necesidades, tienen que aprender a reorientar sus comportamientos para no perjudicar a los demás. Siempre según Glasser, el 90 % de los comportamientos desagradables van unidos a una falta de amor y de atención. Cuando las necesidades de atención y de amor se satisfacen, los problemas de disciplina desaparecen como por encanto.

Fomentar los comportamientos positivos

La necesidad de captar y de conservar la atención de los adultos es esencial en el niño. Cuando esta necesidad no está satisfecha, el pequeño se comporta muy a menudo de forma desagradable, llegando incluso a reclamarla furiosamente. Es importante advertir que cuando el niño adopta y repite un comportamiento desagradable, algo consigue, y a menudo se trata de nuestra atención.

El niño busca esta atención negativa cuando el adulto no se cuida de reconocerle y valorar lo que hace bien. La propensión a llamar la atención denota una carencia.

Mónica todos los días llama la atención de su profesor, ya sea hablando cuando no es hora, lo que le acarrea muchos castigos, ya sea balanceándose en su silla, lo que le ha ocasionado muchas caídas. Con su comportamiento negativo, no sólo llama la atención del profesor, sino también la de toda la clase.

La atención positiva es la que un adulto concede gratuitamente a un niño. Una sonrisa o una caricia, precisamente porque le ama y le aprecia tal como es. Al reconocer y valorar las buenas acciones de su hijo y sus comportamientos ejemplares, el padre toma un camino que le permite adoptar actitudes agradables hacia su entorno y satisfacer su gran necesidad de reconocimiento.

El niño que se siente importante y que recibe una atención positiva por parte de sus educadores, acepta mejor que se le dirija; además, tendrá ganas de agradarles porque se siente amado. A su vez, en compensación, concede importancia a las demandas de los educadores y de los padres. En estas condiciones, hay muchas probabilidades de que una buena parte de sus comportamientos desagradables desaparezcan por sí mismos.

Cuanto mayor sea la atención que pongamos en los comportamientos positivos de un niño, mejor se comportará. Al felicitar al niño cada vez que se conduce de forma positiva y al valorar los esfuerzos que hace por participar, cooperar y ser pacífico, el adulto le induce a seguir este camino. Por consiguiente no debe dejar de comunicar al niño su orgullo y su cariño.

No hay nada más triste que ver a un niño comportarse de forma desagradable, simplemente para que se ocupen por fin de él.

Álvaro, de 6 años, emplea dos horas todas las tardes para hacer sus deberes con su padre o su madre. Los padres están desesperados. Tienen la impresión de que su hijo alarga el tiempo, que se distrae, que lo hace todo equivocado.

Álvaro se ha dado cuenta de que cuando está haciendo los deberes tiene toda la atención de sus padres y se aprovecha de esa situación, aun cuando no siempre sea agradable. Mientras no acaba, sus padres se quedan con él.

Hasta el día en que le comunican su deseo de compartir con él un rato de juego, cuando ya haya hechos los deberes. Añaden que para esto, esperan más colaboración de su parte, acordando que, en adelante, no podrán dedicar más que una media hora a sus deberes. Álvaro ha captado bien el mensaje. Se organiza mejor y los deberes ahora se hacen en menos de 30 minutos...

¿DE QUÉ TIENEN NECESIDAD LOS NIÑOS?

Los niños saben que sus padres están muy preocupados por su éxito escolar. Entonces algunos alargan la hora de los deberes y lecciones para tener toda su atención.

Generalmente los conflictos son una buena forma de llamar la atención. Se suelen producir en el momento de acostarse. El niño, al que se ha descuidado durante todo el día, aprovecha su última oportunidad para que le presten atención. Todas las razones son buenas entonces para que se ocupen de él: necesidad de beber agua, ganas de hacer pis, una última caricia, la lectura de un cuento, etc.

Es importante recordar que la necesidad de amor y de atención del niño debe haber quedado satisfecha si se quiere que acepte la separación durante la noche.

Con el fin de favorecer y de facilitar un cambio en el niño cuyos comportamientos son desagradables, hay que encontrar un nuevo modo de responder a sus necesidades. Se le puede decir: «Me parece que necesitas mi atención y que tienes razón cuando la buscas, pero la forma en que la pides es desagradable. Te voy a dedicar a ti solo más tiempo, y ya no tendrás que comportarte de forma desagradable». Entonces el niño aprende a reconocer su necesidad y a ponerle nombre.

Un momento de reflexión

- ✓ *¿Nos damos tiempo para reflexionar sobre comportamientos desagradables que un niño repite?*
- ✓ *Cuándo lo hacemos, ¿nos preguntamos si el niño gana algo con adoptarlos?*
- ✓ *¿Solemos felicitar al niño cuando adopta un comportamiento positivo, como hacer bien una actividad y estar de buen humor por la mañana?*

Amar y ser amado

Todos tenemos la necesidad de ser amados. Queremos que alguien se ocupe de nosotros y también deseamos ocuparnos de alguien. Para satisfacer esta necesidad, que consiste en ser escuchado, respetado y apreciado, buscamos al menos una persona a la que sintamos cercana, que cambie nuestra vida, a cuyos ojos sintamos que somos especiales y a la que también nosotros aportemos un cambio. Esta necesidad es a veces difícil de colmar en los niños que han sido desatendidos o mal aceptados, puesto que muchas veces les faltan las aptitudes sociales y los comportamientos que harían de ellos individuos a los que uno quiere tener cerca. Sin embargo no hay otro camino que amarlos para que tengan ganas de comportarse de forma más agradable.

El niño que muerde, pega, empuja, tiene una rabieta y no escucha las consignas en la familia o en el colegio está expresando algo. Efectivamente, muchas veces le faltan las palabras para expresar sus desacuerdos y sus frustraciones, y él sabe que estas conductas desagradables atraen enseguida la atención de la madre o de la educadora. Sin embargo, se constata que estos comportamientos desagradables desaparecen con bastante rapidez, generalmente en menos de dos semanas, cuando los padres y las educadoras responden más adecuadamente a la necesidad de amor del niño, sobre todo dedicándole más tiempo y procurando que se sienta importante y amado.

«¿Tú crees que yo te quiero?» Si un niño responde afirmativamente a esta pregunta, preguntémosle cómo se siente amado, qué palabras o qué actos le hacen sentir que lo amamos y que cuenta con nosotros. Constataremos que en sus respuestas siempre hay una concesión de tiempo y de atención de nuestra parte.

Los tiempos de exclusividad

No tenemos nada más importante que ofrecer a los que amamos que nuestro tiempo. Si no dedicamos tiempo de calidad a las personas amadas, lo demás son palabras. Y las palabras son insuficientes para expresar el amor.

- Es el niño el que decide el juego y las normas. ¡Es su turno de decidir!
- Dejaos guiar por vuestro hijo.
- Mirad lo que hace y participad si os lo pide.
- No hagáis preguntas ni sugerencias.
- Ocasionalmente, estimulad a vuestro hijo positivamente. Si apreciáis este momento, decídselo.
- Finalizad, como habéis convenido, a los veinte minutos (*necesidad de seguridad*).
- Este periodo de tiempo es incondicional (*necesidad de amor*).

Veamos ahora las preguntas que los padres hacen con más frecuencia a propósito de este ejercicio.

Me quedo en casa y juego varias horas al día con mis hijos. ¿Hace falta que planifique un «veinte minutos»?

Sí, puesto que no se trata de lo mismo. Esos veinte minutos son un tiempo concentrado, un tiempo exclusivo y de calidad. Tenéis puesta vuestra mirada y vuestra atención en vuestro hijo durante 20 minutos. Le concedéis toda vuestra atención. Los padres que empiezan el día con este tiempo de juego con su hijo se dan cuenta de que este juega solo todo el resto del día, después de haber quedado satisfechas sus necesidades afectivas durante ese rato de juego.

La finalidad de este ejercicio es llenar la necesidad de amor y de atención del niño, así como su necesidad de disfrutar y su necesidad de libertad. Además, su necesidad de sentirse competente queda satisfecha, y el respeto al límite de tiempo, 20 minutos, ni más ni menos, le da seguridad.

Si mi hijo quiere más de los «veinte minutos», ¿puedo hacerlo?

No, porque sobrepasar ese periodo de tiempo es restarle eficacia. Después de 20 minutos, empezaréis a pensar en las cosas que tenéis que hacer y, forzosamente, vuestra atención será menor. Es un poco como cuando estáis hablando con alguien y percibís que no está totalmente presente y atento... Hace falta una atención exclusiva y total durante los 20 minutos.

Además, respondemos a la necesidad de seguridad del niño al imponerle este límite; sabe cuándo empieza y cuándo termina. Si quiere continuar, decidle que ya habrá otros 20 minutos. Eso no os impide jugar libremente con vuestro hijo en otro momento.

Si tiene una rabieta, dejadlo, y poned palabras a sus emociones. «Ya sé que te gustan mucho estos momentos que compartimos los dos, pero la regla es que hay que dejarlo cuando suena el timbre. Mañana empezaremos otra vez».

Si juego al mismo tiempo con mis dos hijos, ¿el resultado es el mismo?

Así no se satisface la necesidad de exclusividad y de intimidad. La exclusividad es importante para el niño, disminuye la rivalidad y la envidia entre ellos. Cada uno de ellos tiene la sensación de que hay un sitio para él solo con vosotros.

¿Qué hacer si mi hijo quiere siempre empezar con el mismo juego?

Se empieza con el mismo juego, porque la finalidad es satisfacer al niño, darle gusto, aunque algunos nos parezcan repetitivos.

Si mi hijo quiere cambiar las normas del juego, ¿debo aceptar?

Sí, siempre que sea razonable, y solo durante los 20 minutos, porque él es el que dirige durante ese rato. Decidle que, fuera de esos 20 minutos, él tendrá que respetar las normas habituales.

Inventar nuevas normas y nuevos juegos durante esos minutos será una forma de que el niño desarrolle su pensamiento creativo.

Mi hijo no sabe qué decidir y me pide que lo haga yo en su lugar. ¿Qué hago?

Insistir para que sea él quien decida. Si no quiere, proponedle alguna idea poco interesante.

Seguramente la próxima vez decidirá y esto será bueno para que vaya ganando confianza en sí mismo.

Para mi hijo de 2 años que todavía no tiene noción del tiempo, los veinte minutos no quieren decir nada. ¿Qué hago?

Cuando juega, poneos cerca de él durante 20 minutos y decidle que es un tiempo especial que se terminará al sonar un timbre. Miradle jugar y prestadle toda vuestra atención. Participad, si lo pide, y decidle lo que os gusta. Este ejercicio puede hacerse desde la edad de 6 meses: se mira al bebé y se entra en su mundo haciendo los mismos sonidos que él, los mismos gestos y, de esa manera, él se siente importante.

Si mi hijo se comporta de manera desagradable o inapropiada, ¿puedo suprimir los 20 minutos que le había prometido?

Habéis prometido a vuestro hijo ese tiempo, y aun cuando se haya comportado de forma desagradable durante el día, es importante mantener la promesa. Así, aprenderá que puede tener confianza en vosotros y sentirá que vuestro amor es incondicional.

Podéis decirle: «No me gusta cómo te has portado hoy; me apetece menos pasar este rato contigo, pero sigo queriéndote».

Si se ha portado de forma desagradable es que hay algo que no le ha ido nada bien y que una o varias de sus necesidades no estaban satisfechas.

Por lo tanto necesita este tiempo de calidad con vosotros, hoy más que cualquier otro día. Más adelante, fuera de los 20 minutos, puede ser bueno pedir al niño que trate de explicar qué le ha pasado, por qué se ha comportado de ese modo.

¿Debo hacer sin falta los 20 minutos varias veces por semana?

Es lo que se recomienda para satisfacer, en parte, las necesidades afectivas del niño. Por otro lado se sugiere a los padres que tienen dificultades con su hijo, hacerlo cinco veces por semana. Cuando vuestro hijo no quiere escuchar ni colaborar, perdéis mucho tiempo y energía con él.

El niño que busca siempre atención está indicando que le falta. Dádsela, antes de que acabe por buscarla de forma desagradable. Es provechoso para vuestra relación y para la autoestima de ambos. Cuanto más colméis las necesidades de vuestros hijos, más respetarán las vuestras.

Necesidades afectivas del niño

Con este ejercicio, con el juego de «los veinte minutos», cada una de las necesidades afectivas del niño queda colmada.

Su *necesidad de seguridad* se ve satisfecha por la limitación de tiempo y porque nada le va a quitar su tiempo de exclusividad con nosotros, ni el teléfono ni la intervención de otro niño. También queda satisfecha su *necesidad de amor* por la importancia que le concedéis y por la calidad de la relación que establecéis con él durante este tiempo. Queda satisfecha su *necesidad de libertad* puesto que él es

Amor

Seguridad

Competencia

Libertad

Placer

quien decide durante este tiempo y quien puede escoger la actividad. También satisface su *necesidad de diversión*, puesto que escoge una actividad que le gusta. En cuanto a su *necesidad de sentirse competente*, la satisfacéis haciéndole partícipe de lo que observáis: «Veo que sabes organizarte, has puesto el camión aquí, los materiales allí...». Decidle lo que os gusta: «Me gustan los colores que escoges; me recuerdan el otoño».

Recordemos la diferenciación que anteriormente hemos hecho entre necesidad y deseo. Estemos atentos a no usar la satisfacción de necesidades del niño para satisfacer sus deseos... o los nuestros.

La imagen de una estrella ilustra de forma muy simple las cinco necesidades afectivas. Cada una de las cinco puntas de la estrella representa una necesidad: **amor, competencia, libertad, placer** y **seguridad**. ¡Cuando estas cinco necesidades están colmadas, el niño resplandece!

La necesidad de *amor*

Para que el amor exista, es necesario que haya actitudes que lo denoten, como escuchar al niño y ayudarle a poner en palabras, a verbalizar, aquello que siente. En general son mayores los efectos sobre el otro, por nuestra manera de escuchar que por lo que decimos. Cuanto más escuchemos al niño, más capacitados estaremos para entender el mensaje real que hay oculto detrás de sus palabras.

¿Por qué es tan importante escuchar al niño y reconocer y aceptar sus emociones? Porque, al hacerlo, le estamos dando pruebas de que lo consideramos como una persona única, que puede expresar libremente sus emociones, sin ningún tipo de juicio ni de interpretación por nuestra parte. Cuando percibe que los adultos ratifican sus emociones, el niño acepta más fácilmente el límite, la sanción o la reparación. La aceptación de lo que es el niño, de lo que siente y de sus diferencias supone de nuestra parte un punto de vista que se puede calificar de imparcial.

Recordemos que nuestra propia capacidad para expresar nuestros sentimientos y nuestras emociones es esencial para ayudar al niño a decir los suyos. ¿Acaso no somos sus modelos?

Cuando una maestra es capaz de entender y de acoger los sentimientos de un niño, le ayuda a sentirse mejor. Cuando el niño se siente bien, se comporta bien. Se sabe comprendido y además aprende a enorgullecerse de lo que siente. Cuando la maestra acoge los sentimientos del niño, le permite ponerse en contacto con sus sentimientos, estar en relación con su realidad interior.

Si deseamos que un niño aprenda a satisfacer sus necesidades convenientemente, lo primero es ayudarle a reconocerlas. Enseñémosle a expresarse con palabras, a decir lo que tiene dentro y lo que siente y le permitiremos vivir relaciones más auténticas, más sanas y más satisfactorias a lo largo de su vida.

Puesto que inevitablemente somos modelos, cuanto mayor sea nuestra capacidad de expresar nuestros sentimientos y nuestras necesidades, más grande será la suya. Al niño agresivo, violento, que muerde, que pega, que empuja, que grita, que se enrabieta, le faltan palabras para decir lo que siente. Lo mismo sucede con los adolescentes que no hablan o que hablan demasiado fuerte.

Un momento de reflexión

✓ ¿Solemos preguntar al niño si sabe que lo queremos y por qué lo sabe?
✓ Cuándo deseamos que el niño se sienta querido, ¿sabemos qué hacer?
✓ ¿Hemos fijado tiempos especiales (como «los 20 minutos») para pasar con el niño la semana próxima?
✓ ¿Qué creémos que nos van a aportar esos ratos de exclusividad?
✓ Nombremos tres sentimientos (rabia, pena, frustración, impaciencia...) que nos sentimos capaces de expresar libremente.
✓ ¿Cuáles nos parecen que son los tres sentimientos que un determinado niño muestra con más frecuencia?

La necesidad de *seguridad*

La necesidad de seguridad afectiva queda satisfecha cuando el niño percibe su entorno como protector y favorable, cuando se siente al abrigo de amenazas.

Para satisfacer esta necesidad el niño debe saber que sus padres y maestros están ahí, presentes habitualmente para él, sensibles a sus expectativas y capaces de responder a ellas o de ayudarle a conseguirlas.

El hecho de saber que sus necesidades serán satisfechas y que no tiene que hacer todo lo posible para que se le conceda un poco de atención, proporciona seguridad al niño y le da un sentimiento de ser importante. Más vale no olvidar que una necesidad real de seguridad que no se satisface durante un largo periodo de tiempo engendra sufrimiento y que de ahí se siguen muchas veces conductas inaceptables.

Cuando el niño vive en un ambiente ordenado, estable y previsible, se siente seguro. Si las normas son claras, y como consecuencia hay una intervención de los adultos cada vez que no se cumplen, siente seguridad. Comprende que sus padres y maestros van a reaccionar y conoce el reproche de antemano. Son previsibles, permanecen firmes en las normas esenciales y flexibles si son de menor importancia. Por otra parte, los hábitos, los ritos y el horario aumentan el sentimiento de seguridad.

Por ejemplo, el ritual de acostarse es importante para dar seguridad al niño y favorecer un buen sueño. Con los mismos actos, hechos en el mismo orden todas las noches, incluidos los fines de semana, el niño se acostumbrará a ir a dormir mucho más fácilmente. No hará ninguna pregunta puesto que conoce ya las respuestas y sabe que tiene que dejar a los padres por la noche.

El padre que vuelve a llevar a su hijo a la cama y que le canta otra canción, en cierto modo le recompensa por haberse levantado y le anima a repetir sus mañas.

Así sucedía con Laura. Cansados de este jueguecito sus padres han empezado por concederle «20 minutos» de exclusividad tres veces a la semana, antes de establecer una rutina. La primera noche la han llevado cinco veces a su cama. La segunda noche, Laura se ha levantado una sola vez para poner a prueba la nueva consigna, y después no se ha vuelto a levantar. Ha aprendido dónde está el límite y cuando debe parar.

Previniendo y explicándole por anticipado los cambios de rutina, de horario, de normas de funcionamiento y las ausencias, se contribuye a tranquilizar al niño. Por ejemplo, a veces, por miedo a que los niños se pongan nerviosos y agitados, la maestra no quiere avisarles de que se marcha fuera por unos días a visitar a un pariente enfermo y que la sustituirá otra maestra y se va furtivamente. Además de la pena y el desconcierto, los niños ya no pueden contar con su maestra con plena confianza. No se trata, entonces, de una buena manera de hacerlo.

Expresar con palabras los acontecimientos, da también seguridad al niño. Si no hay palabras para hablar del estado de salud del abuelo en fase terminal, del divorcio inminente, del traslado o del cambio de colegio, el niño queda afectado por lo no-dicho. El hecho de no hablar de ello puede ser vivido por el niño como una falta de confianza en sus capacidades de vivir este cambio o esta aflicción. Como es natural la información debe estar adaptada a su edad y estadio de desarrollo; pero esto no significa que haya que disimular o mentir. No tenemos que decirlo todo, sino más bien transmitir los sentimientos que tenemos, si queremos que los niños aprendan a decir los suyos.

Al hablar de sus sentimientos, el adulto estimula al niño a hacer lo mismo, lo que le ayuda a ser más humano, más sensible a los demás.

Es importante decir la verdad al niño y ser auténtico. Si estamos furiosos, pero hablamos con delicadeza, perdemos una ocasión de ser congruente. Cuando repetimos por quinta vez algo al niño, démonos permiso para decir: «Me da rabia repetirlo tantas veces». Así el niño aprende a reconocer las emociones de la otra persona y a validar las suyas. Un discurso contrario a nuestro verdadero humor le perturba hasta el punto de que puede negar sus propios sentimientos.

Es bueno comentar con los niños sus relaciones con los demás, (tanto de amistad como de intimidación y repulsa), con objeto de descubrir soluciones y darles así seguridad.

También podemos intercambiar impresiones con el niño acerca de diferentes situaciones que puedan ser peligrosas: «Si perdieras la llave de casa, ¿cómo reaccionarías?», «Si alguien te amenazara en el camino de vuelta, ¿cómo reaccionarías?», «Si se declarara un incendio en la casa y estuvieras solo, ¿qué harías?». El niño aprende así a afrontar mejor esas diferentes situaciones acostumbrándose a resolverlas mentalmente.

Finalmente, hay que enseñar al niño las normas fundamentales de seguridad y asegurarnos de que pedirá la ayuda de los que hay cerca de él, si lo necesita.

Factores de inseguridad para el niño

La ausencia de normas tranquilizadoras genera estados de incertidumbre en los niños. El adulto que no interviene en cada falta o que no es constante en el contacto con el niño hace que aumente en él el sentimiento de inseguridad. El que responde sin reflexionar a las repetidas demandas del niño y se exaspera, el que levanta la voz, o el que tiene momentos de furia y cambios excesivos de humor también provoca inseguridad en el niño que ignora que no se trata más que de una pérdida temporal e inofensiva de control. Puede suceder que el niño tenga miedo y que se sienta realmente en peligro.

Las amenazas provocan inseguridad en el niño, así como las expectativas demasiado elevadas de los padres o maestros. Hay que tener siempre en cuenta el nivel de desarrollo del niño, lo mismo que sus posibilidades y sus limitaciones.

Demasiados cambios simultáneos en la vida del niño le producen incertidumbre y provocan mucho estrés en su vida.

Los padres de Juan se han separado. Éste no ve a su padre más que un fin de semana de cada dos, mientras que antes eran inseparables.

Al mismo tiempo, su madre y él han cambiado de casa y ha tenido que cambiar de colegio. Ha perdido a sus amigos y le resulta difícil hacer nuevos.

Finalmente, ha tenido que separarse de su perro porque no lo admitían en el nuevo piso. ¿No han sido muchos cambios simultáneos? ¿Es capaz de vivir tantas desgracias en tan poco tiempo?

El niño que sufre falta de atención de algún adulto significativo para él y que no sabe cuándo va a tener un rato con sus padres para hablar de sus cosas, o un rato a solas con la maestra para que vea su tarea, vive con una gran angustia. De ahí la importancia de vivir con él periodos de exclusividad, como los «veinte minutos». A un niño le da seguridad saber que pronto tendrá toda la atención del adulto.

En definitiva, cuando la seguridad no queda satisfecha, el desarrollo afectivo del niño y su autoestima se ven afectados.

Un momento de reflexión

✓ Caigamos en la cuenta y pensemos en las situaciones en las que expresamos nuestra rabia con gritos o comportamientos perjudiciales para el niño.
✓ ¿Qué podemos hacer la próxima vez que estemos furiosos para preservar el sentimiento de seguridad del niño?
✓ ¿Hablamos con el niño sobre como afrontar los momentos de peligro o incertidumbre?
✓ ¿Es capaz el niño de expresar cuando no se siente seguro?
✓ ¿Qué hacemos cuando el niño expresa sus inseguridades?

La necesidad de *sentirse competente*

En cada uno de nosotros está presente la necesidad de sentirse competente, de ser capaz de hacer bien las cosas. Todos necesitamos que se reconozcan nuestras aptitudes, nuestras capacidades, nuestras fortalezas y nuestra aportación a la familia o al grupo en un determinado ámbito.

Todos, niños, adolescentes o adultos, necesitamos sentir que valemos. Para satisfacer esta necesidad, hay que experimentar éxitos, alcanzar los objetivos fijados y sentir que hay personas a las que estamos ligados que reconocen esta importancia.

¿Qué hacer en lo que se refiere a los más pequeños? Ante todo, tenemos que reconocer la persona que es, tanto como sus éxitos. Dicho de otro modo, lo que es y lo que hace. Además, ayudándole a vivir nuevas experiencias y a correr algún riesgo, podemos contribuir a reforzar su sentimiento de suficiencia.

Aquí tenemos algunas situaciones en las que podemos favorecer el sentimiento de competencia de un niño.

- Hablar bien de él delante de los abuelos o de cualquier otro adulto que el niño aprecie.
- Subrayar, por ejemplo, en un tablón de anuncios o en la pizarra de clase, sus éxitos escolares, deportivos, artísticos u otros.
- Hacerle participar en las tareas de casa o en actividades escolares dándole pequeñas responsabilidades.
- En el momento de la cena o en el círculo de clase, hacerle participar en una ronda de intervenciones, durante la cual diga, como los demás, dos acciones de las que esté especialmente orgulloso.

No temamos decir al niño que estamos orgulloso de él. Aprenderá poco a poco a actuar en beneficio de todos, a estar orgulloso de sí mismo, a no depender de los demás o de la mirada de los adultos para darse valor.

Sentirse capaz

La sobreprotección perjudica el sentimiento de sentirse autosuficiente. Nuestra primera tarea, como padres o maestros, consiste en hacer a los niños autónomos, enseñarles a prescindir de nosotros. ¿Cómo ayudarles a hacerse personas distintas e independientes? Dejándoles lo más a menudo posible buscar por sí mismos soluciones a sus problemas, dejándoles que aprendan de sus errores y dejándoles hacer lo que son capaces de hacer.

Sin embargo, los adultos deben poner atención en no caer en la tentación de hacerles las cosas a los niños. Por la mañana, cuando el tiempo apremia, para la madre es más fácil ayudar al niño a vestirse, antes que dejarlo que lo haga él solo. Para la maestra es más rápido recoger ella misma las pinturas que organizar a los niños para que lo hagan.

Además, es más fácil decirle qué tiene que hacer y cómo hacerlo, antes que verle cometer errores. En principio, el niño estará contento de que lo hagamos por él; pero si se repite a menudo, producirá en el niño un sentimiento de incapacidad y de impotencia, una disminución de su autoestima y, a la larga, resentimiento y frustración. De esta manera, le privamos de una ocasión de desarrollar su sentimiento de competencia, de sentir que «puede hacerlo».

 Javi, de 6 años, tiene mucha dificultad para separarse de Sara, su madre, a la hora de ir al colegio. Llega a ocurrir que desde el colegio telefonean a su madre, porque su hijo la reclama. Ella acude al colegio y, como él está muy revuelto, lo lleva a casa para el resto del día.

Hay que tener en cuenta que Sara lo hace todo por su hijo. Desde levantarle hasta acostarle, servirle su desayuno, escoger su ropa, preparar su bocadillo y su mochila. No trabaja fuera de casa para que él pueda ir a comer a mediodía. A la vuelta del colegio ella se encarga de los deberes y las lecciones, le hace reflexionar y recitar, lo baña en el caso de que él no lo haga bien, y lo mece para dormirlo por la noche.

Javi está sencillamente desamparado y sin recursos cuando no está con ella. Nunca va solo a casa de sus amigos, nunca ha dormido sin sus padres, ni siquiera en casa de sus abuelos.

Sara sospecha que algo no marcha. Por eso decide ir a consultar a la maestra de Javi, porque quiere el bien de su hijo, al que ama sinceramente. Al darse cuenta de que le está perjudicando, afirma estar dispuesta a que él prescinda de ella, a enseñarle a ser autónomo. Durante los primeros encuentros con la maestra aprende poco a poco a responder a las necesidades afectivas de su hijo sin sobreprotegerlo. Después, creyendo que su hijo está preparado para otros cambios, le enseña gradualmente a hacer él solo todo lo que es capaz, vestirse, preparar su mochila para el colegio, hacer una parte de sus deberes, preparar su desayuno, etc.

Sara está sorprendida de ver hasta qué punto disfruta su hijo haciendo todas esas cosas: parece orgulloso de sí mismo, orgulloso de ser capaz de hacer tanto e incluso pide realizar tareas que nunca antes había hecho. En pocas palabras, el niño descubre hasta qué punto es bueno sentirse capaz y saber que ya puede valerse cuando su madre no está cerca de él. Dicho de otro modo, descubre el sentimiento de sentirse competente. Aprende a pensar y a hacer las cosas por sí mismo. En cuanto a Sara, después de sentirse inútil, descubre otros sueños para ella y sus hijos, sueños de libertad.

Por temor a que los niños vivan dificultades lo planificamos todo, nos ocupamos de todo lo de ellos y por ellos, con el resultado de que, cuando se encuentran con dificultades, se sientan incapaces, no tiene recursos para afrontar las contrariedades ya que no han pasado por ellas. Nos olvidamos de darles confianza, de creer en su capacidad para tomar poco a poco las riendas de su vida ¡y son capaces de ello!

El derecho a equivocarse

Es importante que el niño comprenda que, como todos, podemos equivocarnos y que, además, tenemos derecho a ello. Para esto, no nos consideremos incapaces cuando cometamos un error, sino hagamos que él vea que no es grave, que vamos a volver a intentarlo y que acabaremos por conseguirlo.

Podemos contar al niño la historia de Thomas Edison que tuvo que intentarlo mil doscientas veces antes de hacer funcionar la bombilla eléctrica. A un periodista que le hacía notar que había fracasado mil doscientas veces antes de conseguirlo, le respondió: «¡He conseguido inventar la bombilla en 1.200 etapas!». Enseñad a vuestro hijo o a vuestro alumno que el error es una etapa hacia el éxito y ayudadle a encontrar tácticas que lo conduzcan a él.

Cuando la necesidad de sentirse competente no está satisfecha

Cuando un niño tiene el sentimiento de ser incompetente porque ha vivido demasiados fracasos o porque no se le han reconocido suficientemente su valor y sus virtudes, generalmente lo expresa oponiéndose, siendo insolente, desmotivado, molesto, inconstante, denigrándose a sí mismo y a los demás. Está convencido de su incapacidad.

No obstante el papel del adulto es el de reconocer las capacidades del niño y ayudarle a que las reconozca, enseñarle a negar la falta de fe en sí mismo y ayudarle a afirmarse en todos los planos, incluido el plano social.

Un momento de reflexión

✓ Pensemos en las situaciones en que expresamos a un niño que estamos orgulloso de él ¿qué sentimientos afloran en el niño? ¿Y en nosotros mismos?

✓ ¿En qué otras situaciones concretas podemos ayudar al niño a satisfacer su necesidad de ser competente?

✓ ¿Qué podemos decir a un niño en el momento de terminar una tarea o encomienda para demostrarle que sabemos lo que vale y que apreciamos el esfuerzo realizado?

✓ ¿Hay herramientas para hacer bien las cosas que podamos enseñar a utilizar al niño? Si es así, ¿cuáles?, ¿cuándo? Y ¿cómo?

La necesidad de *libertad*

La necesidad de libertad está estrechamente ligada a la posibilidad de elegir. Por eso es importante ayudar al niño a ser consciente de las numerosas ocasiones de elegir que tiene diariamente. Si toma conciencia de esta situación, aceptará mejor que alguna vez lo hagáis por él.

Por ejemplo, si le dejamos que escoja el cuento que le vamos a leer, aceptará más fácilmente que seamos nosotros quienes decidamos la hora de hacerlo. Si tiene obligatoriamente que acostarse, puede, sin embargo, elegir algunas otras cosas en su horario. Y aunque no tiene que escoger si va o no a la guardería, sí puede escoger el color de su pantalón. Esta capacidad de elegir puede satisfacer su necesidad de libertad. Está obligado a vestirse para salir, pero puede escoger entre ponerse el chándal o sus pantalones vaqueros.

A medida que el niño se hace mayor debe ser más responsable de lo que decide elegir. Así, el niño de 10 años está en condiciones de escoger su ropa, con la misma razón que el adolescente puede decidir arreglar su habitación o mantener cerrada su puerta. Puede escoger a sus amigos, pero debe hacer respetar las normas que rigen en la casa, aunque sus amigos hayan aprendido normas diferentes.

A elegir también se enseña y desde muy pequeños los niños pueden tomar muchas decisiones que le ayudarán a desarrollar este aprendizaje y llenarán su necesidad de libertad.

Se puede dejar al niño escoger en muchos más terrenos. Se le puede dejar que elija su sitio en la mesa, ocasionalmente el menú, una actividad en familia, una película, el horario de sus tareas y actividades en la casa, el arreglo de su habitación, los amigos que quiera invitar a casa, la forma de celebrar su cumpleaños y con quién…

Cuando se le dedican esos «veinte minutos» de juego exclusivo, hay que permitirle que él elija la actividad. Este ejercicio satisface su necesidad de libertad. También se le puede dejar que decida la manera de realizar algunas tareas como peinarse, ordenar su habitación (¿es tan importante que los libros estén en la repisa de arriba?), hacer sus deberes. Además puede escoger el lugar donde hacerlos, y por qué tarea empezar. Si tiene que bañarse puede escoger el momento, antes o después de jugar.

¿Es muy importante que un adolescente lleve su camisa por dentro del pantalón o que la niña se ponga su blusa nueva para ir a casa de la abuela?

Preguntémonos si es tan importante, y si vuestra respuesta es negativa, es mejor dejarles que hagan lo que elijan en lo que es posible y dejemos nuestras intervenciones para las cosas esenciales que coinciden con los valores que queremos transmitir y con las normas que deseamos establecer en casa.

¿Qué hay de la libertad de expresión? Expresarse libremente en un clima de respeto responde a la necesidad de libertad que cada uno siente.

Por eso es importante estimular las diferencias de opinión, dar al niño ocasión de expresar sus opiniones, sus ideas, y sus experiencias desde pequeño. Cuando un niño nos pregunta, preguntémosle también a él lo que piensa de eso. Esto le enseñará a reflexionar y le hará sentir que lo que piensa es importante e interesante. No hay que olvidar que cuando los niños hacen una pregunta es que ya han empezado a hacer su propia reflexión. Ayudémosles a que la prosigan, devolviéndoles la pregunta.

Veamos a ver ahora una serie de actitudes de los adultos para ayudar al niño a vivir plenamente su necesidad de libertad.

Dejar hacer

Uno de los mejores modos de ayudar al niño a satisfacer su necesidad de libertad consiste en no intervenir en sus actividades. Por ejemplo, dejadle libre para construir su castillo de piezas donde él quiera y como desee, y no intervengáis aunque tengáis las mejores intenciones del mundo. Solo cuando el castillo se caiga aprenderá qué piezas deben ir abajo y cuales arriba, o escogerá la mejor superficie sobre la que construir su castillo.

El niño debe sentir que es suficientemente hábil para concebir y realizar su proyecto. Vuestro silencio le dice que lo que hace está bien, que aceptáis que haga las cosas a su manera y que puede resolver las dificultades encontrando sus propias soluciones.

Entre el «SÍ» y el «NO»

El «no» es un periodo necesario en el niño y en el adolescente. Cuando el niño de 2 años lo toca todo y trepa por todas partes, empieza a oír decir «no» y comprende el poder que va unido a esta palabra. Entonces empieza a utilizarla él también para afirmarse y oponerse a todo, como lo hará en la adolescencia.

Por otra parte, cada vez que el padre dice «no», le recuerda a su hijo que detenta el poder. El «no» puede aumentar el sentimiento de impotencia del niño así como sus ganas de desafiar y de oponerse más, cuando se abusa de él. Cuanto menos «noes» haya, más los respetará el niño cuando los oiga. Por regla general, si le decimos «no» al niño, debemos explicarle la razón y no cambiar de idea.

En cuanto al «sí», es un lenguaje de aceptación. Cuanto más se emplea más se anima al niño a continuar preguntando lo que desea o lo que necesita.

Si el niño nos pregunta si puede ir a jugar con su amigo, en vez de responderle: «No, porque no has terminado tu tarea», digamos mejor: «Sí, en cuanto hayas terminado tu tarea».

Si pide una galleta antes de comer, en vez de responderle: «No, vamos a comer», es mejor decirle: «Sí, en cuanto hayas acabado de comer».

En el mismo sentido, se comprueba que es importante permitir al niño que nos diga «no». «¿Le quieres prestar tu juego a tu hermana?». Démosle el derecho a decir «no; este juego es demasiado valioso para mí». «¿Quieres ayudar a tu compañero a recoger?». «Ahora, no; estoy terminando una cosa importante». Aun cuando deseemos que el niño aprenda a compartir y a ayudar a los demás, es justo que tenga derecho a negarse a algunas peticiones, aunque luego podamos reflexionar con él sobre el valor de compartir.

Las recomendaciones

«Sé educado, da las gracias, sé prudente, no hagas esto, no digas eso, cuidado con...». Cuando el niño va a casa de sus amigos, por ejemplo, o a una excursión del colegio, hay que evitar hacerle toda una serie de recomendaciones. De esta manera sentirá que no tenemos confianza en él. Y tendrá razón. Además, no olvidemos que estas recomendaciones probablemente se las sabe de memoria desde hace mucho tiempo.

La necesidad de libertad es fundamental, tanto en el niño pequeño como en el adolescente. Si evitamos ejercer un control estricto sobre sus actitudes y sus actividades, permitimos que se afirme y se expansione. Se trata de la difícil búsqueda del equilibrio entre una libertad inadecuada a la edad y circunstancias del niño, y un control demasiado estricto.

Un momento de reflexión

✓ Hagamos con el niño la lista de sus preferencias y de cosas que le gustaría hacer. Cuando estas preferencias no estén en contra de nuestras necesidades o de nuestros valores, seleccionamos alguna y le proponemos hacerlo juntos.

✓ ¿Cuáles son las peticiones de los niños a las que podemos decir «sí», y sin embargo solemos responder con un «no»?

✓ ¿En qué situaciones repetimos las recomendaciones que el niño ya conoce? ¿Con estas recomendaciones transmitimos seguridad al niño o buscamos estar seguros nosotros mismos? ¿Por cuáles podríamos reemplazarlas?

La necesidad de *placer*

Los niños juegan con tanta frecuencia como pueden. El juego es una fuente de aprendizaje muy importante. Uniendo placer y aprendizaje, se permite al niño satisfacer muchas de sus necesidades psicológicas.

Cuando los adultos se preguntan cómo obtener la colaboración del niño para algunas tareas, sólo tienen que pensar en hacérselas «agradables», es decir, mezclarlas con diversión. Si la diversión interviene, si la tarea se convierte en un juego, es fácil obtener la colaboración del niño: una canción infantil para vestirse, tararear mientras se pone orden, etc.

Los niños tienen necesidad de alegría y de vivir todos los días momentos de cooperación con los adultos que son importantes para ellos. Tienen necesidad de reír, de divertirse, de realizar sus actividades en un marco agradable; para aprender, tienen que estar contentos.

Un momento de reflexión

✓ *Hacemos con el niño una lista de actividades que nos permitan divertirnos juntos en casa durante 10 o 15 minutos. Después, pasemos a los hechos.*

✓ *Empleemos el tiempo necesario para descubrir lo que más hace reír al uno o al otro, ¡después, hagámoslo siempre que haya ocasión!*

Después de profundizar en las cinco necesidades fundamentales que el niño experimenta y que debe satisfacer, entenderemos mejor que si se comprenden bien las necesidades del niño, no es tan imperativo recurrir a los medios de disciplina que veremos más adelante (reparación, consecuencias, retractación).

Los niños llegan a ser colaboradores. En la naturaleza de un niño está dar gusto a los adultos más significativos para él, en la medida en que sus necesidades están satisfechas. Enseñando al niño a reconocer y expresar adecuadamente sus necesidades, le estaremos enseñando a ser sencillamente feliz y a irradiar felicidad en las diferentes esferas de su vida.

2. ¿Qué es la disciplina?

> «Estos son los límites que dan forma y energía al hombre. La presa que contiene el nivel de agua le da fuerza. Sin esta contención, el agua se derramará sin potencia ni vigor. Se perderá en la arena, sin vida».
>
> GÉRARD SÉVERIN

¿Tenéis la costumbre, cuando jugáis, de cambiar las reglas en cada partida? ¿No son siempre las mismas reglas, constantes, sea lo que sea lo que está en juego? Y si alguien quiere participar en el juego y no conoce las reglas, ¿qué vais a hacer? Indudablemente os aseguraréis de que las aprendan. Así debe ser en el ámbito de la disciplina ya sea en la vida familiar o en el ámbito escolar.

Así es. Lo mismo que en un juego, las reglas, deben ser claras y constantes, y transgredirlas conlleva unas consecuencias. Con estas mismas condiciones, la vida familiar y escolar puede desarrollarse con satisfacción y armonía.

Lo fácil, relativamente, es enseñar al niño las normas que debe observar. Lo más difícil es mantenerlas y hacerlas respetar, sobre todo cuando el niño expresa su descontento. Se puede sufrir por verlo frustrado, decepcionado e incluso enfadado por la barrera que levantamos para limitar sus deseos. A corto plazo, es tan tentador y tan fácil levantar esta barrera, anular esta prohibición... Pero si lo hacemos, el niño no aprenderá, ni a medio ni a largo plazo, a respetar las normas establecidas para el bienestar de todos; tampoco será capaz de doblegarse ante una norma de conducta fuera de los ámbitos cotidianos. Intentará siempre esquivar la dificultad y nunca aceptará una barrera como imposición hecha por su bien.

¿Qué es la disciplina? Se trata, digamos, de poner señales de *stop* o límites al niño para protegerlo, para proteger a los demás, para enseñarle a que ponga atención cuando su conducta es desagradable o peligrosa. Gracias a los límites establecidos con respeto y amor por los adultos, el niño aprenderá a observar las numerosas leyes que rigen la vida en sociedad. Además, el niño pensará antes en las consecuencias de lo que vaya a hacer gracias a los límites que se le han impuesto en casa.

La disciplina es enseñar a un niño las normas que se observan en la familia, en la escuela y en la sociedad en general. El objetivo es suprimir los comportamientos inadecuados y reorientarlos. Este objetivo se alcanza con más facilidad haciendo sentir al niño que se le respeta, se le acepta, se le comprende y se le quiere. Las intervenciones de los adultos van haciéndose más escasas a medida que el niño llega a dominarse. Enseñando al pequeño a que piense antes de actuar, los padres y maestros ahorran mucho tiempo y energías.

En la escuela infantil se comportará como se le enseñe a comportarse en casa, y al contrario, por eso es importante llegar a acuerdos entre la familia y el colegio para que las normas en ambos ámbitos, tan importantes en la vida del niño, no se contradigan.

Las normas y los límites son uno de los fundamentos de la familia, del colegio y de la vida en la sociedad. Cuanto más pronto las integra un niño, más fácil es su adaptación a estos distintos medios. Aunque sea fácil para los padres establecer una regla, les resulta muy difícil aceptar que el niño se quede frustrado, que se sienta desgraciado, que reaccione con rabietas exclamando, por ejemplo, que ya no quiere a sus padres. ¡Qué fácil sería entonces ceder y decirse: «Lo intentaremos la próxima vez…, no es tan grave…, todavía es pequeño…»!

¿Qué pasará con este niño si nadie le indica el camino, no le ponen límites, indicaciones para frenarlo, para sujetarlo? ¿Qué porvenir le espera a este niño si cuando traspasa los límites e infringe las normas, no aprende las consecuencias? No hay duda de que se sentirá perdido, confuso y que estará siempre buscando indicaciones que le den seguridad. En la actualidad hay demasiados adolescentes que están buscando normas que nunca han sabido respetar, buscando a alguien que las establezca.

Dejando que la viña crezca abandonada, se corre el riesgo de una cosecha escasa y un vino de mediocre calidad. Si la viña crece a su modo, no da ni uva ni vino. Al podarla, se refuerza la planta y se ayuda a la naturaleza. ¡Hay que podarla, aunque no sea natural! De la misma manera, si se deja a los niños con sus antojos, con sus pulsiones, tendremos un « […] niño salvaje, no un humano. Los límites son necesarios» (Séverin, 2001).

Para hacer su camino en la vida, para realizarse plenamente, el niño necesita adultos que le quieran y que sean capaces de guiarle, de acompañarle, de indicarle la ruta. El padre que quiere que su hijo se afirme y que tenga todas las oportunidades de desarrollarse, tiene que inculcarle una disciplina. Ésta le da seguridad al niño y es esencial para el desarrollo de su autoestima.

Animar a que se respeten las normas

Muchos niños se sienten descorazonados por falta de que alabemos sus buenos comportamientos. Vamos a imaginar un niño que, al llegar al colegio, olvida colocar en su sitio su abrigo y su mochila, por primera vez en un mes. En esta ocasión, ¿le hablará el maestro al niño del abrigo y de la mochila? La respuesta es casi obvia. Sin embargo, hay que ponerse en el lugar del niño que entonces se pregunta si vale la pena poner en orden sus cosas. Pensemos qué efecto tiene sobre la motivación de un niño que sus padres y maestros jamás señalen los esfuerzos que hace habitualmente, y sólo destacan el olvido ocasional.

Igualmente, si el niño vuelve de la escuela con una evaluación de comportamiento no muy brillante, el padre debe animarlo a cambiar. Además es importante que se encuentre con el profesor para establecer acuerdos de funcionamiento entre la casa y el colegio para mejorar la conducta del niño.

A Jorge le llamaban la atención muchas veces porque era incapaz de estar sentado en clase. En casa, se levantaba varias veces durante la comida. Entonces la maestra propuso a sus padres un juego para modificar este comportamiento molesto. Buscaron un minutero y le dijeron que iban a ver cuánto tiempo era capaz de permanecer sentado durante la comida. Al día siguiente, aumentaron la duración y le felicitaron por el resultado. Después de dos semanas de este ejercicio en casa, su comportamiento se volvió también satisfactorio en el colegio.

Utilizando un truco muy simple, habían motivado al niño a corregir esa mala costumbre e indirectamente, habían provocado en su hijo un sentimiento de confianza en sí mismo.

La disciplina, ¿dónde y cuándo?

La disciplina se debe observar en todas partes, en la casa, en el colegio, en el centro comercial, en casa de los abuelos... y en todo momento. Muy pronto, los niños se dan cuenta de los límites que los adultos establecemos, sabe cuándo los mantenemos y cuándo tenemos tendencia a suprimirlos. De ahí la importancia de ser constante en nuestros mensajes. Así ayudaremos al niño a aceptar las normas y las señales de *stop*, en todas partes y en todas las ocasiones en el transcurso de su vida.

¿Cuándo intervenir?

Hay padres que no saben muy bien cuando intervenir, mientras que otros parecen estar siempre detrás de su hijo. Repetimos que lo esencial, antes de intervenir para supervisar o dirigir al niño, es preguntarse si la acción que se dispone a ejecutar es realmente conveniente. ¿Es necesaria para la seguridad del niño o para la defensa de nuestros valores y de las normas establecidas? Cuanto menos intervengamos, más se fijarán en nuestras intervenciones; cuanto menos controlemos la vida de nuestro hijo, más fácil será que nos escuche cuando sea verdaderamente importante. Un exceso de control no enseña al niño a dominarse, a auto-disciplinarse y a anticipar las consecuencias de sus actos.

Antes de intervenir, nos haremos las dos preguntas siguientes:

- ¿Es peligroso para su seguridad física, para la de los demás, para los objetos, para el ambiente?
- ¿Tendrá un efecto sobre su vida actual, o sobre su vida dentro de 10, 15 o 20 años?

Si respondemos que no a estas preguntas, es mejor que nos abstengamos de intervenir y que guardemos nuestras intervenciones para cuando el niño no respete los valores que deseamos transmitirle.

En cuanto a la primera pregunta, es necesario subrayar que cuando hay peligro se actúa sin dudar, y se interviene enseguida. Respecto la segunda cuestión, evoca los valores que queremos transmitir a nuestros hijos, como en los siguientes ejemplos.

Marta, de 5 años, quiere llevar la misma ropa de deporte todos los días y, por consiguiente, todas las mañanas provoca el enfado de sus padres. Ellos van a hablar con la orientadora escolar que les pregunta si esta situación es peligrosa para Marta, para ellos, como padres, o para cualquier otra persona; y si esta misma práctica podría tener un efecto sobre la vida de su hija en 10 ó 15 años.

Llegan a la conclusión de que sí, puesto que llevar el mismo chándal todos los días va en contra de los valores de higiene y de limpieza que ellos defienden.

En lo que se refiere al niño que olvida ocasionalmente guardar su abrigo, es fácil constatar que esto no tendrá impacto en 10 o 15 años. Deberíamos despreocuparnos de este olvido ocasional y más bien felicitar al niño cuando guarda sus cosas. Conceder el derecho al error es uno de los factores que favorecen el desarrollo de la autoestima. Pero si el niño olvida siempre guardar su abrigo, conviene intervenir para acostumbrarlo a ser arreglado y ordenado.

> Francisco, de 9 años, insulta muchas veces a su hermana. La llama «imbécil» y cosas aún peor. Desde luego esta situación no comporta peligro físico. Sin embargo, si los padres no intervienen, esto tendrá efectos en su vida futura. Francisco no habrá aprendido a respetar a los demás y, por lo mismo, no se ganará el respeto de los demás. Por mucho que sus padres le dicen que debe respetar a su hermana, que no les gusta que la trate así... no cambia nada. Las palabras y los sermones no tienen las propiedades de una buena intervención eficaz. Por eso no es sorprendente constatar que Francisco reincide, puesto que sus padres hablan mucho, pero no hacen nada.
>
> Cuando los padres le exijan que se disculpe con su hermana cada vez que la insulte e incluso que repare su error, él tendrá más cuidado con sus palabras, será más atento y descubrirá una manera más aceptable y cordial de mostrar su desacuerdo o su decepción.

Las dos preguntas formuladas anteriormente pueden facilitar mucho la vida a los padres y docentes, y disminuir el número de intervenciones correctivas.

¿Para qué la disciplina?

Las normas son una de las estructuras básicas de toda sociedad. Hay normas que observar por todas partes, en la carretera, en los parques, en el centro comercial, en todos los lugares públicos y privados. Cuando el niño ha aprendido a respetar determinadas normas en casa y en el colegio, le es más fácil respetar las que rigen en la sociedad. Inculcar el respeto a las normas es, por lo tanto, un inmenso servicio que hacemos la familia y la escuela al niño. Querer su felicidad no consiste en darle todo lo que quiera y en dejarle hacer sin ninguna orientación. Todo lo contrario.

Para que un niño llegue a ser disciplinado, tiene que vivir en un medio donde reine el respeto a las normas y donde estén claramente fijados los límites. De lo contrario tendrá mucha dificultad para concretar sus proyectos y para realizarse plenamente. Para viajar, estudiar, comprar una casa o sencillamente comer sanamente, hay que contar con un régimen de vida organizado y seguirlo con la disciplina.

Nicolás, de 35 años, es artista y pintor. Tiene mucho talento y su renombre se extiende por varias ciudades del mundo. Sin embargo, no llega a pintar más que unos veinte días al año; es lo más que puede hacer. De niño tuvo todo lo que deseaba de sus padres que no ejercían ninguna disciplina sobre él. Por lo tanto no llega a ser disciplinado ni siquiera en su trabajo a pesar de lo mucho que le gusta y eso le provoca frustración y le hace muy desgraciado. Se deprime muy a menudo por no ser capaz de desarrollar todo su potencial. En el momento de empezar una serie de cuadros, encuentra mil excusas para no comprometerse con decisión. Ha aprendido a dejar siempre para más tarde todo, hasta su oficio de pintor.

Para decir «sí» a la realización de un sueño o de un proyecto, es importante saber decir «no» a muchas otras cosas. Al niño al que nunca le han dicho que no, no sabe decir «no».

El sentimiento de seguridad es uno de los cuatro componentes de la autoestima; de hecho, es el más básico, sobre el que se asientan los demás. El niño que tiene seguridad está más disponible interiormente y es más apto para desarrollar los otros tres componentes de la autoestima: la identidad, el sentimiento de competencia y el sentido de pertenencia.

Numerosos estudios demuestran que la autoestima es uno de los mayores factores de protección respecto a las conductas de riesgo del adolescente. Un adolescente que ha sido positivamente guiado y valorado desde la infancia es menos propenso al abandono escolar, al abuso de drogas y de alcohol y al suicidio mismo. Sus educadores le han impuesto límites y ha experimentado negativas en varias ocasiones. Poco a poco ha comprendido que límites y amor van unidos.

Al ir creciendo, el adolescente impondrá, a su vez, límites a los demás, incluidas las personas a las que quiere; tendrá la capacidad de escoger lo que es bueno para él y, por consiguiente, de decir no a algunas demandas.

Aprender a tomar decisiones es parte de la educación de un niño y los adultos somos referentes en cómo y por qué elegimos, y desde que posibilidades y límites.

Por el contrario, el niño al que sus padres no le han puesto límites cree que amor y dejarle hacer lo que quiera van parejos, y actuará conforme a esta premisa en sus relaciones con los demás, cosa que le puede traer consecuencias negativas.

Vanesa, de 15 años, desde su nacimiento ha tenido todo lo que ha deseado. Cuando sus padres intentan prohibirle una actividad, ella se impacienta, patalea y da un portazo.

Sabe que con este comportamiento, acabará por tener lo que quiere. Ha aprendido de sus padres que, cuando se ama, no se ponen límites y no se le niega nada al otro.

Desde hace poco sale con un muchacho de 18 años. Sus padres están completamente desconcertados viéndola dar a este joven todo lo que le pide, puesto que la referencia que tiene del amor corresponde exactamente a lo que ha aprendido en la familia.

Cuando un niño al que no se le ha impuesto ningún límite en casa, se ve forzado a respetar las normas en la guardería o en el colegio, cree que el educador o el profesor no le quiere, incluso que tiene algo en contra suya. El trabajo conjunto entre la familia y la escuela es clave para que el niño aprenda a observar una disciplina positiva.

¿Cómo establecer la disciplina?

En la base de toda disciplina positiva debe estar el amor. Hay numerosas formas de enseñar o de inculcar la disciplina al niño. Aquí se exponen tres modos de disciplina: rígida, permisiva y equilibrada.

Disciplina rígida:
Adulto muy controlador y poco sensible

El adulto decide, zanja, ordena e impone su voluntad sin tener en cuenta la evolución o el temperamento del niño. Para él no hay más que una manera de hacer las cosas, la suya. No aprecia las maneras que difieren de la suya. Es muy controlador y poco sensible a las necesidades del niño.

Se favorece la obediencia del niño en detrimento de su autonomía, por lo que le falta confianza en sí mismo, se expresa poco, se anula, se cierra y muchas veces es agresivo. El niño se siente solo e incomprendido. Tiene tendencia a rebelarse y ha perdido la confianza en los adultos.

Disciplina permisiva:
Adulto no controlador y muy sensible

El adulto manifiesta su amor, acepta y respeta al niño, su ritmo, sus deseo y sus gustos. Apenas le obliga, ni le anima, ni le estimula, ni le apoya en sus esfuerzos. Favorece una relación de igual a igual. Considera pues al niño como un adulto en miniatura con el que negocia constantemente. Es tan sensible al niño que le es difícil imponer límites, decirle que no y verlo frustrado.

El niño está inseguro y ansioso. Toma decisiones que no son de su competencia: hora de acostarse, menú, salidas... Difícilmente acepta ser dirigido por nadie, ni por sus propios padres. Recibe mucho, pero no aprende a dar ni a realizar esfuerzos.

Disciplina equilibrada:
Adulto controlador y sensible

El adulto tiene como primer objetivo conseguir lo mejor para el niño y ayudarle a ser autónomo. Al contrario que el padre permisivo, no teme afirmarse, y no abusa de su poder, como el adulto autoritario. Es sensible a las necesidades del niño tanto como a las suyas propias. No se deja dirigir ni da argumentos, y está decidido a obtener lo que exige. Se puede hablar de *una mano de hierro con guante de terciopelo*.

Este adulto comunica claramente sus expectativas, sus necesidades, sus sentimientos. Se respeta y respeta al niño. Informa, explica, prepara y previene. Ofrece buenos modelos, rutinas y le da opciones, recurriendo a medios que favorecen la autoestima. Cuando el niño adopta comportamientos indeseables le ayuda a encontrar modos de remediar la situación y satisfacer sus necesidades de manera aceptable.

Actúa siempre de manera que se preserve la dignidad del niño, a fin de que éste tenga el sentimiento de que es una persona digna de ser amada, alguien estupendo.

El niño es autónomo, responsable, equilibrado, confiado y alegre. Puede expansionarse dentro de los límites fijados con sensibilidad y amor. Adquiere un fuerte sentimiento de seguridad y una buena autoestima.

Cuando se unen sensibilidad y firmeza

No hay disciplina posible sin amor. Si el niño no se siente importante para sus padres o para los adultos que le cuidan, si no se siente amado, si no tiene satisfechas sus necesidades afectivas, no aceptará el control o la disciplina.

El niño que está molestando constantemente a su grupo en el colegio sabe, sin que se le diga, que la vida sería más fácil sin él. Como no se siente amado, no es nada receptivo a lo que le dice su educador.

Cuando éste logra dar importancia a lo que es y a lo que ha realizado el niño, éste cambia de actitud y de percepción hacia él. Si la corriente de amor no pasa entre dos personas, no pasa la disciplina. Sensibilidad y firmeza son inseparables.

Etapas para establecer una disciplina positiva

1ª. Inculcar el gusto por colaborar

La primera etapa consiste en inculcar a los niños el gusto por colaborar, lo cual no es posible, como hemos visto antes, sin que sus necesidades estén satisfechas.

Quedarse sentado durante la explicación de la maestra, respetar a su hermana o a su compañero, vestirse solo, lavarse los dientes, callarse, darse prisa, levantarse, ir a acostarse..., los adultos le exigimos mucho a un niño durante todo el día. Cuando el niño no colabora, se opone o se resiste, tal vez sea porque su relación con los adultos no es la adecuada.

¿Es posible que hayamos pedido más de lo que ellos han recibido? Y aquí no estamos hablando de dar al niño lo que no necesita realmente: juguetes, regalos, ropa de lujo, etc. Más bien es cuestión de responder a sus necesidades afectivas, como pasar un determinado tiempo con él solo.

En la medida en que el adulto responde a sus necesidades legítimas, el niño, a su vez, se siente más inclinado a dar, a escuchar y a colaborar.

En definitiva, lo mejor llama a lo mejor. Por lo tanto hay que ver y reconocer lo mejor en el otro para sentirse llamado a dar lo mejor de uno mismo.

El adulto sensible a las necesidades de un niño, a sus deseos, a sus sentimientos, y cuidadoso de desarrollar su autoestima obtendrá fácilmente su colaboración.

Tratemos a los niños con respeto y dignidad y recibiremos otro tanto a cambio. De esta manera tomarán nuestro ejemplo para tratar a los demás en su vida.

Finalmente conviene advertir que esta reacción de los adultos a las necesidades del niño no debe ser una moneda de cambio destinada a que el pequeño responda a sus demandas. Se trata simplemente de responder a estas necesidades porque es importante para nosotros y porque queremos al niño.

2ª. Ayudar al niño a hacerse cargo de su vida

Pasaremos someramente por esta etapa ya que se desarrollará ampliamente en los capítulos siguientes. Una vez que los adultos han reconocido las verdaderas necesidades del niño y han conseguido que colabore, se trata de ayudarle a tener dominio sobre sí mismo.

Por lo tanto, los adultos abordarán las conductas, comportamientos y acciones del niño, y podrán recurrir a los castigos y a las recompensas, así como a la reparación, es decir, a la capacidad de reparar los errores causados.

3ª. Intervenir de manera equilibrada en todas las situaciones

Concretamente, ¿qué es lo que significa «intervenir de manera equilibrada»? Veamos un ejemplo para explicar esta forma de actuar.

Los padres evitarán intervenir cuando estén furiosos con su hijo, y más aún, evitarán castigarle. En tal situación, se corre el riesgo de quitar al niño lo que más le gusta o de que la consecuencia sea desmesurada y de que, cuando después se den cuenta, deban retractarse. Es mejor calmarse primero, diciendo al niño que están demasiado furiosos para intervenir inmediatamente. No se trata de inquietar al niño y atemorizarlo, al contrario, se trata de inducirle a modificar su comportamiento positivamente.

¿Dónde intervenir de manera equilibrada? Objetivamente, en todas partes. Tanto en casa como en el colegio, como en cualquier otro espacio de la vida del niño. ¿Cuándo intervenir de manera equilibrada? Objetivamente siempre, cada vez que haya un comportamiento inapropiado. ¿Cómo intervenir de manera equilibrada? Posiblemente esta sea la pregunta más complicada ¿Cómo se puede intervenir así cuando estamos furiosos? Concediéndonos tiempo y medios para calmarnos y volver a encontrarnos en una verdadera relación de amor y ayuda para con el niño. Además, pensando serenamente en las actitudes y en las palabras que diremos al niño con el fin de favorecer su desarrollo.

Finalmente, ¿por qué intervenir de manera equilibrada? Porque cuando se interviene con amor, con tacto, humanamente, se despierta la sensibilidad del niño, se le ayuda a hacerse más sensible a los demás y más humano. Interviniendo con bondad, utilizando la reparación, por ejemplo, se enseña al niño a dar prueba de empatía hacia los demás.

Un momento de reflexión

✓ ¿Son conocidas por el niño, clara y suficientemente las normas de conductas que tenemos establecidas?
✓ Como adulto, ¿soy un modelo para los niños en el cumplimiento de las normas?
✓ ¿Somos disciplinados en nuestro trabajo diario, en nuestros hábitos, a la hora de cumplir rutinas?
✓ ¿Cómo podemos inculcar en los niños el gusto por colaborar?

3. ¿Nos cansamos de repetir siempre lo mismo?

El objetivo que persigue el adulto –y del que vamos a hablar en las páginas siguientes– consiste en dejar de repetir constantemente las mismas cosas al niño y enseñarle a escuchar desde el primer momento.

¿Es eficaz repetir siempre las mismas cosas?

El hecho de repetir a los niños lo que queremos de ellos es muy habitual. Una madre pide a su hijo que recoja sus juguetes. Si responde: «Sí, mamá, voy a hacerlo», se puede pasar a otra cosa, porque está resuelta la situación. Pero no siempre es así. Cuando se pide algo al niño lo más frecuente no es un «no» que se pueda oír, sino más bien un gran silencio. Como si el niño fuera sordo.

La madre repite su petición. Ahora bien, el niño conoce el número de veces que repite su padre, el número de veces que repite su madre, que repite su maestra o que repite su cuidadora... Es como si el niño se dijera: «¿Para qué voy a escuchar a la primera, si me lo va a decir por lo menos tres veces?». Si la madre repite tres veces a su hijo que recoja sus juguetes o que haga sus deberes está enseñando a su hijo a esperar la tercera vez antes de escuchar.

Cuando las repeticiones son ineficaces, la madre amenaza: «Te lo advierto, voy a tirar tus juguetes si no los recoges», «los voy a dar» o «si no los recoges, mamá se va a disgustar; y cuando mamá se disgusta, no está de broma...». En realidad esto no son más que palabras y el niño lo sabe. Raramente llevamos a cabo nuestras amenazas.

Cuando las amenazas no funcionan, la madre se siente impotente. Podría decir: «he hecho de todo, he repetido, amenazado y no ha servido de nada. Al final he tenido que gritar para que me escuchara. Es su única manera de comprender». Esta madre que se pone agresiva, tal vez ha conseguido la colaboración de su hijo, ¡pero a qué precio!

Como padres o profesionales de la enseñanza, todos nos hemos visto en esta situación. Cuando gritamos no solemos sentirnos orgullosos de nosotros, ni competentes ni eficaces. La verdad es que, gritando, perdemos más de lo que ganamos. Perdemos autoestima, no estamos orgullosos de haber llegado a este extremo y perjudicamos la autoestima del niño. A su vez, éste gritará cuando quiera ser escuchado, lo que perjudicará todavía más su autoestima, porque no estará orgulloso de sí mismo. Incluso comprenderá que es legítimo llamar la atención gritando, puesto que los adultos que le quieren, adoptan ese comportamiento.

¿Qué hace el niño cuando el adulto repite? Sigue actuando como quiere. Es como si se le recompensara por no escuchar. Cada vez que el adulto repite, anima al niño a que no atienda a la primera. Este comportamiento es retributivo para el niño. Además, si está falto de atención, esta manera de actuar es una excelente forma de obtenerla.

Poner fin a las repeticiones, a las amenazas y a los gritos. El método «Estima»

¿Cómo poner fin a esas repeticiones que dañan la relación con los niños y que les impiden hacerse responsables? Hay que ponerse manos a la obra. Uno de los errores de los adultos de hoy es que damos muchas explicaciones, hablamos mucho y no actuamos lo suficiente. Sin embargo los niños reciben más influencia de nuestros actos que de nuestras palabras.

Entre los niños, está muy bien disculparse, pero no es suficiente. Cuando un niño perjudica a otro con palabras o acciones, debe reparar ese daño. Cuando lo hace, aprende a estar atento a los demás, a las cosas de los demás y se vuelve más sensible y más humano.

Muchas maestras cuentan que los alumnos responden utilizando estas frases: «¡no es culpa mía!», «me ha salido sin darme cuenta» o «mi mano se ha disparado ella sola para pegarle», o también: «¡ha sido mi cerebro el que le ha dicho a mi boca que le dijera eso!».

Estos niños sencillamente afirman que ellos no son responsables ni de su lenguaje ni de sus acciones. Sin embargo, a partir del momento en que los alumnos saben que tendrán que reparar cada falta de respeto y que los adultos exigirán cada vez mayor reparación, cesan las faltas de respeto. Para ello hay que intervenir siempre, a fin de que los niños comprendan que la prohibición es formal, aunque el primer día haya que repetir diez veces esa intervención, enseguida comprenderán lo serio de la exigencia.

Antes de actuar es importante estar serenos. Si llegamos a las amenazas, no es el momento de pedir una reparación. Para abordar el problema debemos escoger más bien un momento en el que estemos serenos y relajados. Además debemos estar firmemente decididos y determinados, si no, podemos fracasar.

Etapas del método «Estima»

Para dejar de repetir siempre lo mismo y para obtener la colaboración del niño en cualquier situación, se exponen las diferentes etapas del método «Estima» que permite intervenir cuando el niño se comporta de manera molesta, como, por ejemplo, negarse a recoger los juguetes. Las etapas de este método son las siguientes:

1. ¿Puedo ignorar el comportamiento del niño?
2. ¿Soy un modelo en lo que se refiere a mis demandas?
3. Tiempo de exclusividad y satisfacción de las necesidades afectivas del niño.
4. Intervenir con medios positivos.

5. Poner palabras a los deseos, necesidades y sentimientos del niño.
6. Enseñar cuestionando.

A continuación, desarrollamos cada una de las etapas siguiendo el ejemplo que hemos señalado: recoger los juguetes.

1. ¿Puedo ignorar el comportamiento del niño?

Recordamos las dos siguientes cuestiones que nos debemos plantear siempre antes de actuar.

- El niño no recoge los juguetes ¿Resulta peligroso físicamente si no intervengo? No.
- Si no intervengo, ¿tendrá consecuencias nefastas para su vida dentro de 10 ó 20 años? Sí, porque no le habré enseñado el orden y la organización. Por lo tanto, hay que intervenir.

2. ¿Soy un modelo en lo que se refiere a mis demandas?

¿Qué clase de modelo soy en lo que concierne a ser ordenado? ¿Dejo las cosas por ahí para recogerlas después o pongo cada cosa en su sitio? Y cuando pongo orden, ¿lo hago cantando, con agrado o refunfuñando? En pocas palabras, ¡como adulto debería dar ejemplo!

3. Tiempos de exclusividad y satisfacción de las necesidades afectivas del niño

Tengamos en cuenta cada una de las cinco necesidades fundamentales que señalamos en el primer capítulo:

- *Amor.* ¿Cuándo he dado al niño un tiempo de juego exclusivo o cuándo le he concedido la suficiente atención para que se haya sentido importante y amado?

- *Competencia.* ¿Cuándo he reconocido lo bueno que tiene? ¿Pienso en felicitarle cuando recoge sus cosas?
- *Libertad.* ¿He dejado al niño escoger a la hora de guardar sus juguetes (cómo hacerlo, o cuándo hacerlo, antes o después de comer)?
- *Placer.* ¿Cuándo he compartido con el niño un momento de placer? ¿Trato de acompañar el placer con el deber o, cuando se termina el deber, propongo un juego? El placer es la mayor motivación.
- *Seguridad.* ¿Son claros los límites que establezco? Si el niño infringe una regla, ¿está claro para él cuál es la consecuencia?

4. Intervenir con medios positivos

¿Advierto al niño de la forma en que voy a intervenir para responsabilizarlo? «Desde ahora, te lo voy a decir una sola vez. Si no guardas los juguetes, lo haré yo por ti, pero no podrás jugar con ellos en dos semanas. Sentiré mucho tener que hacerlo».

Es lo que se llama una consecuencia lógica y razonable. Se le quitan sus juguetes temporalmente. La intervención es en relación con los juguetes.

Si hago lo que he dicho, aunque compruebe que es difícil, el niño se sentirá seguro y confiará en mí.

A pesar de ello, hay que esperar que se resista, que tenga una rabieta, pero lo habré hecho.

5. Poner palabras a los deseos, necesidades y sentimientos del niño

Si pongo palabras a sus deseos, necesidades y sentimientos, el niño se siente comprendido y tiene más afición a colaborar. Además, yo le enseño a poner nombre a lo que siente.

Debo hablar a mi hijo como a alguien a quien amo y que me ama: «Estoy cansada de repetirlo. Me disgusta ver tirados los juguetes por todas partes. Tenemos un problema. Me gustaría hablarlo contigo». Evita

© narcea, s.a. de ediciones

hacer juicios como: «eres un irresponsable...». Cuando un niño oye esas palabras repetidamente, se las dice a sí mismo durante mucho tiempo.

6. Enseñar cuestionando (5 años o más)

Sócrates demostró que la mejor manera de enseñar consiste en cuestionar. Por lo tanto, se puede preguntar al niño:
- «¿Por qué crees que te pido que recojas tus juguetes?» Él seguramente responderá: «¡Para que haya orden!». Preguntadle enseguida: «¿Qué pasaría si nadie los recogiera?». «Estarían tirados por todas partes, no se encontraría nada». Hacerle que se cuestione, que reflexione e inducirle a dar respuestas es mucho más efectivo que un discurso.
- Puedo preguntarle su opinión. «¿Tienes alguna idea para recoger los juguetes sin que te lo tenga que repetir?». Los niños son muy creativos y pueden ayudarnos cuando se les pide que colaboren. Además, si la idea viene de él, estará más animado a ponerla en práctica.

El método «Estima» propone medios concretos para intervenir con afecto, de forma que se ayude a que el niño se responsabilice, favoreciendo el desarrollo de su autoestima.

Esta manera de actuar se aplica a diferentes situaciones, tanto en la escuela como en casa, para que el niño aprenda a asumir las consecuencias de sus actos y de sus elecciones.

Si intervenimos cada vez que no recoge sus juguetes y se los quitamos, le damos seguridad. Somos previsibles, y el niño sabe que puede confiar en nosotros.

Es importante adoptar una buena actitud en todas nuestras intervenciones. Por nuestra forma de hablar, por nuestro tono, el niño debe sentir que somos alguien amable, digno de estima y que tiene necesidad de nuestra ayuda para hacerse responsable. Si las mismas palabras las decimos con exasperación, tendrá la impresión –una vez más– de que es verdaderamente incompetente o torpe. El tono de voz influye muchísimo en el mensaje que transmitimos al niño.

A continuación se presenta otro modo de ayudar al niño para que aprenda a obedecer a la primera.

Cuando pedimos a un niño que haga algo, si no ha empezado a hacerlo en los cinco siguientes segundos, le tomamos de la mano y le llevamos a hacer lo que le hemos pedido. Por ejemplo, si le pedimos que se ponga el abrigo y no se mueve, le tomamos de la mano sin hablar y le llevamos a ponérselo. ¿Se vuelve a ir? Volvemos a buscarle. Evitamos hablar, reír, jugar o hacer este momento divertido porque, de hacerlo así, recompensaríamos el hecho de que no nos haya escuchado y le induciríamos a que no obedezca. Comprenderá que somos serios y estamos determinados a obtener lo que pedimos.

Decir al niño con claridad lo que esperamos de él

¿Cuántas veces al día pedimos diferentes cosas a los niños? Según algunas investigaciones, hay padres/educadores que hacen de diecisiete a cuarenta peticiones en treinta minutos. ¿Y nosotros? ¿Multiplicamos nuestras órdenes durante el día? «Quita los codos de la mesa. Usa el lápiz correctamente. No hables tan alto…». Además hay que observar que la forma de transmitir lo que les exigimos repercute directamente en la colaboración que esperamos.

Presentamos a continuación una serie de recomendaciones para hacer que nuestras peticiones den su fruto.

- Cuantas más recomendaciones hagamos, mayor es el riesgo de aumentar la proporción de las que quedan sin respuesta.
- Exijamos solamente algo que merezca la pena. Recordemos las dos preguntas que hacíamos en páginas anteriores: «¿es peligroso?», «si no intervengo ahora, ¿dentro de algunos años sufriremos las consecuencias?».
- Esperemos a que el niño haya terminado una tarea antes de pedirle otra cosa y tengamos muy en cuenta sus posibilidades.
- Digamos al niño de forma clara y precisa lo que queremos de él. Por ejemplo, la frase «sé bueno», es una petición demasiado vaga para el niño.

- Digamos al niño lo que queremos, y no lo que no queremos. Cuando decimos a los niños que no queremos peleas, es eso lo que primero visualizan. Ponemos esta imagen en su cabeza. Les ayudamos a pensar en peleas.
- Evitemos formular nuestras peticiones, de la siguiente manera: «¿Podrías? ¿Querrías?» Esto les induce a responder que no.
- Es mejor utilizar en nuestras peticiones la expresión «espero que...». Primero porque esta expresión establece claramente lo que quiero, en vez de lo que no quiero; segundo, porque el mensaje subyacente es el siguiente: si espero que el niño haga lo que le pido, es porque es capaz de hacerlo y, puesto que lo espero, no tiene otra opción. Es un mensaje de confianza que él recibe. Esta forma de petición es muy eficaz, además de ser respetuosa con el niño.
- Si reconocemos la colaboración del niño, se sentirá inclinado a repetirlo.
- Expresemos lo que queremos de él como si lo dijesemos a un amigo, tanto en cuanto al contenido verbal como al tono y a lo que no se verbaliza. Nuestras probabilidades de ser escuchado aumentarán.
- Especifiquemos cuándo queremos que se haga una determinada cosa. Por ejemplo, «espero que los juguetes estén recogidos en su cesto antes del recreo».

Un momento de reflexión

✓ Dediquemos un tiempo a descubrir las situaciones en las que solemos repetirles las cosas.
✓ ¿Qué vamos a hacer concretamente en vez de repetir?
✓ ¿Qué podríamos hacer para dejar de sentirnos responsables de las tareas que el niño debe realizar?

4. Castigos y recompensas: sus efectos negativos

¿Por qué castigamos?

Muchas veces los padres castigan porque no conocen otros medios para actuar. Creen que es un modo de controlar la situación. Algunos profesionales de la enseñanza suelen conceder una gran importancia a los castigos, creyendo que es todo lo que los alumnos comprenden y retienen.

De alguna manera, el colegio no está completamente equivocado puesto que es una lección que los niños han aprendido muy bien. Desgraciadamente, esta «filosofía» todavía de moda, aunque cada vez menos, porque no hay que olvidar que ha sido habitual castigar a los alumnos repetidamente.

Una férrea disciplina o un uso reiterado del castigo pueden llevarnos a unos resultados contrarios de los deseados. Aunque denostamos el castigo como el recurso más apropiado para imponer la disciplina, entendemos la necesidad de actuar ante los comportamientos negativos del niño, por eso en el siguiente capítulo abordaremos la reparación como una herramienta alternativa al castigo.

Cuando enseñamos a los niños a asumir sus equivocaciones pidiéndoles que propongan un acto de reparación, muchas veces sugieren privarse de un recreo, de una actividad divertida o de un programa de televisión. En resumen, proponen castigos más severos que los que sugeriría un padre o un educador. Esto se debe a que están acostumbrados a que se les prive de cosas que para ellos tienen mucho valor. No pueden ni siquiera concebir que la reparación sea otra cosa.

Para favorecer y mantener una disciplina positiva, lo importante es luchar primero contra este impulso que consiste en reaccionar sin discernimiento, y en querer aplicar instintivamente el castigo, privando al niño de actividades y distracciones sanas. Preguntémonos si tendríamos respeto y consideración por alguien que los castigara e intentara dominarnos.

Además hay que recordar que el castigo por si solo impide al niño darse cuenta de su comportamiento inaceptable, hacer una introspección. Es como si el castigo borrara la falta. Si, en lugar de castigar, se interroga al niño sobre las consecuencias de sus actos, se le ayuda a hacerse más sensible y responsable. «¿Qué crees que sucedería en casa o el clase si nadie pusiera orden en sus cosas?» «¿Cómo crees que se siente tu hermana o tu compañera cuando tú le quitas sus cosas sin su permiso?»

En el colegio, los alumnos castigados reiteradamente desarrollan una especie de insensibilidad que les hace inaccesibles. Nada parece afectarles, ni los castigos, ni la privación de salidas o de recompensas. El niño desarrolla mecanismos de defensa. Cuando la humillación y el rechazo inherente al castigo se vuelven intolerables, el niño se aísla con el fin de que no le afecte. La comunicación está cortada, el niño se impermeabiliza ante cualquier movimiento de amor y de compasión. No pasa nada más.

¿Cuánto tiempo necesitará un adulto para atravesar la muralla que este niño ha levantado para protegerse? Una cosa es segura, no sólo se necesitará mucho amor, sino además, seguramente, muchas palabras amables y actitudes profundamente humanas para conseguirlo. ¿Hay muchos adultos capaces de entender el sufrimiento que estos niños no saben explica con palabras?

¿Cómo podemos sentirnos amados por alguien que nos humilla? El adulto debe encontrar el medio de ayudar a un niño a ser mejor sin humillarle o herirle. Humillando al niño, se está lejos de suscitar lo que de bueno y de digno hay en él: en realidad, se activa en él un sentimiento de venganza.

Más adelante veremos que la reparación apela a la dignidad y a la bondad del niño y se convierte en un acto de amor y de confianza, y no de humillación.

Cuando el niño comete un error, mejor que increparlo o castigarlo, es ayudarle a encontrar una forma mejor de actuar la próxima vez, buscar una solución con él. Si un adulto al que amamos comete una falta o vive una dificultad, ¿no le tendemos la mano?

Cuando los castigos ya no funcionan

Muchos padres constatan que por más que envían repetidamente a su hijo a que se vaya a reflexionar a su habitación, el comportamiento reprensible no mejora. A veces, en la escuela infantil, constatamos que se suele castigar casi siempre a los mismos niños y por los mismos motivos. Si el niño repite el mismo comportamiento desordenado a pesar de los castigos, es evidente que esos castigos no funcionan. El niño no aprende a corregir su comportamiento y a hacerlo mejor. Por lo tanto, el castigo no es un medio eficaz, sino que lo único que hace es agravar la situación.

Un comportamiento molesto, desagradable e inaceptable, constituye una señal y hay que tratar de aclarar el porqué de este comportamiento, puesto que, en realidad, el niño está expresando una necesidad.

Cuando castigamos, damos al niño una forma de atención, pero estamos lejos de responder adecuadamente a su necesidad de amor, de seguridad o de placer.

Educar significa «sacar lo mejor de cada uno». Por eso es importante no caer en la trampa de creer que los castigos son el remedio para los problemas de comportamiento de los niños, porque, lejos de conseguir lo mejor, más bien provocan un sentimiento de repulsa y a veces, hasta un deseo de venganza.

A corto plazo, el castigo parece dar resultados puesto que muchas veces induce al niño a reaccionar bien, temiendo que se le quite algo que aprecia. Pero este comportamiento no le hace más responsable, sino simplemente más apocado. A la larga, es cierto que el niño no habrá aprendido a controlarse ni a ser disciplinado. Por lo tanto, es mejor trabajar con el niño que contra él.

Efecto negativo de los castigos repetidos

Un niño al que se castiga de forma repetitiva desarrolla el gusto por la venganza. Haim Ginot, psicólogo de niños, afirma que «en lugar de inducir al niño a darse cuenta de lo que hace y a reflexionar en las formas de enmendarse, el castigo provoca deseos de venganza». No le aporta el deseo profundo de ser mejor. El niño tiene ganas muchas veces de hacer mal a su alrededor, de quitar a los demás lo que ellos aprecian más, igual que se lo han quitado a él castigándole. Podemos entrar así en una espiral destructiva para el niño.

A Diego, de 20 años, le han castigado reiteradamente en su infancia y en su adolescencia. Sus padres le quitaban regularmente lo que él apreciaba más.

Por ejemplo, a los 14 años, tenía que acompañar a su mejor amigo y a su familia para una pequeña salida de fin de semana. Cuando su padre vio la baja nota que acababa de tener en matemáticas, una hora antes de que Diego fuera a marcharse, le dijo que no merecía ese privilegio y que se quedaría en casa. ¿Creéis que esto le estimuló a mejorar en matemáticas?

Todavía hoy, sus padres conceden un valor excesivo a que alcance éxito escolar. Sueñan con ver a su hijo emprender importantes estudios, como ellos. Salvo que ahora le toca a Diego quitar a sus padres lo que ellos aprecian más: su éxito escolar. Ha dejado la universidad cuatro veces. Sus padres se alegran mucho cuando se inscribe. Poco tiempo después, deja los estudios y empieza otra vez su juego. Esta situación es triste, porque, aunque lo que quiere es vengarse de ellos y disgustarles, es él quien más se perjudica.

CASTIGOS Y RECOMPENSAS: SUS EFECTOS NEGATIVOS

Mar, por su parte, asegura que ha sido castigada en el colegio tantas veces que está condenada a vivir con el sentimiento de ser «mala», cada vez que no responde a las expectativas de los demás. De pequeña, se sentía tan «mala» cuando era castigada, que esta palabra y este sentimiento le vuelven aún hoy cuando no complace a los demás.

El niño al que castigan con demasiada frecuencia recibe muchas veces como mensaje que amor y falta de respeto van unidos; con el resultado de que durante toda su vida, tendrá dificultad para respetarse y hacerse respetar por las personas que ama. Es difícil modificar las normas básicas de una casa. A la inversa, el niño que ha recibido amor y respeto por parte de sus padres impondrá respeto y se respetará a el mismo y respetará a los otros en todas sus relaciones.

¡Qué mejor experiencia para un niño que la de creerse profundamente digno de amor y de respeto, amarse lo bastante para respetarse, concederse el valor suficiente para no dejar que nadie le rebaje o le haga dudar de ello!

Las recompensas

El comportamiento está motivado por estímulos exteriores (motivación extrínseca) e interiores (motivación intrínseca) a la persona. La recompensa, como el castigo, supone un estímulo exterior, es decir, es un factor de motivación externa. ¿Qué sucede el día en que «lo exterior» ya no existe, en que ya no hay nadie para recompensar o castigar? ¿Qué ocurre si ya no tenemos nada que ofrecer al niño a cambio de un comportamiento deseado? ¿Qué pasa, si enseñamos al niño a moverse solo por motivaciones externas?

Imaginemos que un niño ha sabido afrontar una provocación en clase, su comportamiento ha mejorado gracias a las herramientas que le hemos brindado para ayudarle, y queremos recompensarle. Probemos con la gratuidad en vez de con las recompensas materiales. En un primer momento podemos hablarle de nuestro orgullo, de lo contentos que estamos por su forma de actuar en esa situación; felicitarle y decirle que quisiéramos darle gusto, por ejemplo, jugando con él a su juego favorito.

¿No es natural querer agradar a alguien que nos ha causado una gran alegría? Es una especie de instinto natural, muy lejos de la noción de control. Para unos padres que desean agradar a sus hijos es frecuente una expresión como ésta: «si tienes un buen comportamiento en el colegio esta semana, te compraré un juguete», «si eres bueno en la guardería, iremos a comprar un helado de crema». El niño se da cuenta de la diferencia entre las dos actitudes: la gratuidad frente a «poner precio» a cada comportamiento.

El peligro de las recompensas repetitivas es el regateo: «¿Qué me das si hago esto?». Enseñemos a los niños la gratuidad y la dicha de dar, de complacer y de hacer dichoso.

La motivación más bella es la que viene del interior, la motivación intrínseca. La mejor de las motivaciones está sin duda en el gusto que se siente realizando bien una tarea.

¿No es la mejor recompensa el orgullo que se siente por ser una buena persona o por hacer algo bien? Ayudemos a los niños a vivir con este orgullo e intervengamos con ellos de manera que experimenten lo más posible ese sentimiento de ser buenas personas y exijamos de ellos que se conduzcan como tales.

Un momento de reflexión

✓ *¿Empleamos tiempo para descubrir las situaciones en las que reaccionamos castigando al niño sin pensar en otras alternativas?*
✓ *¿Cuáles son los castigos a los que recurrimos más a menudo?*
✓ *¿Cuáles son las situaciones en las que recompensamos al niño? ¿Con que tipo de recompensas, extrínsecas o intrínsecas?*
✓ *Pensemos en una situación concreta en que hemos usado una recompensa extrínseca ¿qué recompensas intrínsecas podríamos haber usado?*

5. «Reparar» mejor que castigar

Reparar las faltas, tratar de que los niños compensen a los demás el daño que han causado, es mucho mejor que recurrir al castigo. Es un acto de amor y de fe en el niño. La reparación engrandece, ennoblece y humaniza. Es una forma de ser más que de hacer.

La reparación se aplica tanto a los adultos como a los niños. Cuando creemos haber hecho daño a alguien, tratamos de reparar nuestro error. Encontramos entonces el sentimiento de ser humanos, capaces de cometer errores, pero también capaces de reparar el daño causado. ¿Quién no se siente mal por haber causado un daño, especialmente a las personas queridas? Reparando nuestras equivocaciones, experimentamos el sentimiento de ser bueno, de ser una buena persona.

Pedir a un niño que repare sus errores, equivale a decirle: «Yo creo en ti». Su comportamiento empieza a mejorar cuando se le trata como si ya fuera capaz de ser mejor consigo mismo y con los demás.

¿Qué es la reparación?

La reparación trata de compensar las consecuencias de un error y desagraviar a la persona a la que se ha causado el daño. Por ejemplo, si el niño nos hace perder tiempo por su comportamiento, debe compensarlo ayudándonos en las tareas para recuperar tiempo. Si el mal causado es material, por ejemplo, que ha roto un objeto, hay que reparar o reemplazar el objeto, o compensarlo con trabajos.

La persona que ha cometido la falta es la que debe encontrar el modo de repararla y proponer una reparación a la víctima. El acto reparador debe beneficiar a la víctima al mismo tiempo que permite al culpable vivir el sentimiento de que es una buena persona, al contrario que en el castigo, que hace que el sentimiento de ser «malo» continúe.

Todos estamos obligados a reparar el daño que hemos causado o pedir reparación por el daño sufrido.

¿Cuándo y cómo se debe reparar el daño?

Se debe reparar un daño cada vez que se hiere a otra persona con palabras o actos, dicho de otro modo, cuando se le falta al respeto. Lo mejor es exigirlo inmediatamente. Sin embargo la reparación puede ser postergada si, después del incidente, se deduce que hay un acuerdo.

Tomemos como ejemplo a un pequeño que asegura que ordenará la carpeta de su compañera al día siguiente como reparación por haberle desordenado su trabajo de ese día. Si su compañera acepta la propuesta, se puede esperar al día siguiente. De forma general, la reparación induce a poner más atención en los otros y en sus bienes materiales.

¿Se puede reparar un daño causado hace ya varios años? Aunque el acontecimiento se remonte a un periodo lejano, la reparación permite afirmar finalmente a la otra persona que ella nos importa y que reconocemos plenamente, a pesar del retraso, la importancia que tiene para nosotros. Nunca es demasiado tarde para tratar de enmendarse, aunque siempre será mejor hacerlo lo más pronto posible.

Cuando un niño se comporta de forma inadmisible, tenemos que ayudarle a modificar su comportamiento a fin de que aprenda a no perjudicar a los demás. Para conseguirlo, la censura, la crítica y los sermones no son de ninguna utilidad. Pensemos más bien en lo que decía Sócrates: «No hay método de enseñanza más eficaz que el de hacerse una serie de preguntas». Cuando hay un incumplimiento de una regla o un comportamiento desagradable o claramente indeseable, expresémonos con calma y preguntemos al niño, por ejemplo:

«REPARAR» MEJOR QUE CASTIGAR

- ¿Qué le has hecho a tu compañera?
- ¿Corresponde tu comportamiento a las normas establecidas en clase?
- ¿Crees que es una buena forma de obtener lo que quieres?
- ¿Puedes encontrar una forma mejor de hacerlo?
- Las excusas están bien, pero no son suficientes. ¿Cómo piensas repararlo ahora?

Tomemos el ejemplo de un alumno que ha revuelto las cosas de su compañera de pupitre y que le propone una reparación: ordenar sus cosas el día siguiente. Es ella la que tiene que decidir si le conviene. Por el contrario, si el niño no tiene ninguna propuesta que hacer, su compañera puede proponerle alguna reparación, pero él no tiene que sentirse obligado a aceptar esta proposición.

Un alumno le ha revuelto las cosas a su compañera de pupitre. Ella le pide -como reparación- que le regale su caja de colores. Él se niega y tiene razón. El culpable no ha elegido; debe reparar sus errores pero tiene derecho a conservar su dignidad, proponiéndole un acto de reparación adecuado, no accediendo a un chantaje: «Te perdonaré si...».

Cuando recurrimos a los castigos, nuestras preguntas y nuestras acciones están centradas en el pasado. Por el contrario, las cuestiones centradas en las soluciones, utilizadas como un recurso para reparar, ayudan al niño a:

- Valorar lo positivo y lo negativo de una situación.
- Reforzar su capacidad de elegir.
- Asumir la responsabilidad de su acción.
- Imaginar soluciones relacionadas con su error para corregirlo, lo que favorece su creatividad y aumenta su auto-confianza.
- Ser más sensible a los demás y a respetar las diferencias.
- Desarrollar y reforzar su autoestima.

El papel del adulto consiste en asegurarse de que la reparación va unida al hecho que ha producido el daño, y que ésta es razonable, procurando que la víctima no abuse indebidamente de la situación.

Hay que procurar también que la reparación se haga lo más pronto posible después de la falta y que el niño reciba, al mismo tiempo, la ayuda que le permita encontrar un comportamiento sustitutivo, para que la próxima vez que se produzca la misma situación sepa actuar de otra manera y no tener que llegar a la reparación.

También podemos ayudar al niño a ser más sensible utilizando más la palabra *cómo*. El *cómo* apela al corazón, mientras que el *por qué* se dirige al cerebro. El «por qué has hecho eso» lleva al niño a cuestionarse él mismo, a analizar su comportamiento y lo que lo causa cuando está ya luchando con sentimientos complejos. Así, cuando se le pregunta por qué ha utilizado las cosas de su compañero sin su permiso, intenta dar una explicación razonable y muchas veces no lo consigue. Su respuesta entonces se resume en «no lo sé».

«¿Cómo crees que se siente tu compañero cuando utilizas cosas suyas sin su permiso?» «¿Cómo te sentirías tú si él te lo hiciera a ti?» Así se ayuda al niño a ponerse en lugar del otro.

Algunos ejemplos de reparación

- Dos niños que han reñido, a pesar de las advertencias de su maestra y le han hecho perder el tiempo. Los niños se quedan en el recreo ayudando a la maestra a ordenar papeles para compensarla por el tiempo que le han hecho perder.
- Unos alumnos que han empujado a un compañero al bajar corriendo por las escaleras para salir al recreo. Como reparación han propuesto exponer en la clase un trabajo sobre los peligros de este tipo de acciones.

Hay muchas formas de que el niño repare sus faltas, entre ellas: ejecutar un trabajo por el otro; prestarle un juguete que le guste; jugar con él a su juego preferido; leerle un cuento; dibujarle algo que le guste.

«REPARAR» MEJOR QUE CASTIGAR

El niño que rompe un objeto en la casa debería contribuir a arreglarlo o compensar con dinero, si lo tiene, o con trabajos que ayudarán a la persona a la que pertenece el objeto que se ha roto. El niño que rompe un libro debería encolarlo, con la ayuda de un adulto, si no lo puede hacer solo. El niño que mancha el suelo, debería limpiarlo. El que tira su comida al suelo debería, por lo menos, ayudar a limpiarlo.

Cuando iba a buscar a su hijo de 7 años a la guardería, un padre estuvo esperando hasta 30 ó 40 minutos antes de que el niño estuviese preparado. A partir del momento en que advirtió a su hijo que tendría que restituirle el tiempo perdido haciendo trabajos en casa, el niño dejó de retrasarse y se hizo más sensible al tiempo de los otros.

Asimismo, cuando un niño hace esperar a toda la familia o a toda la clase, debe encontrar una forma de restituir el tiempo a todas esas personas. De este modo aprenderá que el tiempo de los demás es importante y que debe respetarlo. Así, un pequeño de 4 años que retrasa la salida de todo el grupo de la guardería al recreo, al regreso, tal vez pueda colgar los abrigos de los demás en el vestuario.

Cuando un niño falta al respeto, el hecho de excusarse no es suficiente para enseñarle a respetar a los demás. Las excusas no son más que palabras, no bastan. Si se trata de acciones irrespetuosas, el culpable debe reparar la ofensa con una acción que procure un bienestar al otro, o que le ayude. Por lo que respecta a las palabras hirientes o a los insultos, la reparación debería consistir en tres juicios positivos sobre la otra persona. Por cada falta verbal de respeto, las tres palabras de reparación deben ser diferentes. Así, cuando un niño, dice a otro en señal de reparación «eres amable, generoso, inteligente», el maestro debería añadir: «¿en qué es amable tu compañero? ¿Qué te hace decir eso? ¿En qué es generoso? ¿En qué te basas para afirmarlo?». Podemos estar seguros de que el chico en lo sucesivo va a vigilar sus palabras y aprenderá a transmitir de otro modo su desacuerdo o su rabia.

La reparación es una herramienta que debemos usar correctamente, los niños agraviados no pueden aprovecharse del otro a través de la reparación. La reparación tiene que ser bien utilizada para no acabar siendo un chantaje o un castigo encubierto.

Encontrar un comportamiento alternativo

Hay una técnica que se utiliza en algunos centros comunitarios o de salud y que tiene por objeto estimular a los niños a que comprendan la importancia de portarse respetuosamente con su entorno, y en cualquier circunstancia. Sencillamente se trata de coger una hoja de papel en blanco, que representa la autoestima, arrugarla delante del niño, diciéndole: «Mira lo que haces a tu hermano o a tu amigo cuando le insultas o le haces daño. Lo arrugas, lo aplastas, no te importa nada lo que les haces. Ahora, vamos a ver lo que pasa cuando desagravias».

La etapa siguiente consiste en inducirlo a que realice los beneficios de la reparación. Entonces se alisa la hoja, se intenta volver a darle su apariencia primera, pero sin llegar a hacerlo completamente. Lo mismo sucede cuando se falta al respeto a alguien: por muchos perdones que se pidan y reparaciones que se hagan, el otro ya nunca será como antes. Las palabras o las actitudes ofensivas dejan huellas en el otro.

Es importante insistir al niño para que, después de haber reparado los daños que ha hecho, encuentre modos de obrar mejor en situaciones similares.

Siempre es tiempo de reparar las faltas

Algunos días antes de la muerte de mi madre, le hice una visita sin saber que ésa sería nuestra última oportunidad de estar juntas, porque ella estaba en perfecto estado de salud a pesar de sus 84 años. Hablamos de la vida y me preguntó si yo tenía remordimientos respecto a mis hijos, si había tenido formas de comportarme con ellos que me reprochaba. Prosiguió diciéndome que a ella le gustaría mucho volver a empezar ciertos episodios de su vida, especialmente cuando mi hermana y yo éramos de corta edad. «Teneros otra vez de pequeñas, deciros cuánto os quiero. Me privé de ello inconscientemente. Era impaciente y me enfurecía algunas veces. ¡Cuánto me gustaría ahora hacerlo de otra manera!».

Yo estaba apenada por su desasosiego y no dudé en tranquilizarla, porque ella había cambiado y había reparado ampliamente sus equivocaciones. «Cada vez que hablas conmigo por teléfono, que me escribes o que nos vemos, me dices que me quieres y que estás orgullosa de mí. Eres paciente, tolerante y muy buena con nosotras», le dije.

Su rostro se había distendido. Esa fue nuestra última conversación porque una complicación repentina se la llevó algunos días después.

Cuando el adulto asume su autoridad, se ocupa de su hijo o de su alumno, le da seguridad y lo trata como una verdadera persona, ¡qué alivio para el niño!

Un momento de reflexión

✓ ¿Animamos a los hijos para que practiquen la reparación? Si es así, ¿en qué circunstancias?
✓ Tratamos de imaginar tres situaciones en las que tengamos nosotros mismos que reparar nuestros errores.
✓ ¿Qué propondríamos como reparación en los tres casos?

6. La disciplina en el ámbito familiar

El sentido de pertenencia

¿A qué se parece una familia ideal? Seguramente es un espacio de la vida del niño que entraña mucho amor. Se puede pensar también que se trata de un lugar donde los niños respetan las normas y contribuyen a las tareas familiares y domésticas. ¿Qué más? ¿Un ámbito en el que se experimenta un fuerte sentimiento de pertenencia? ¡Claro que sí!

En el adulto, el sentido de pertenencia se define como un sentimiento de satisfacción por formar parte de un grupo, ya se trate de una familia, de un equipo de trabajo o de un grupo de amigos, con el que mantiene relaciones estrechas.

Este sentimiento de pertenencia constituye una fuente muy importante de motivación intrínseca en muchas de las experiencias que emprendemos en nuestra vida cotidiana. Se desarrolla gracias a la apertura a los demás, a la participación en actividades con otros, a la ayuda mutua, al aprecio mutuo y al respeto por sí mismo y por los demás.

En los niños, el sentido de pertenencia se vive en primer lugar en la familia y se desarrolla gracias a la calidad de las relaciones entre sus miembros. De ahí la importancia de estar de acuerdo los miembros de una familia respecto a objetivos comunes del respeto a las diferencias y del uso de la reparación cuando hay choques o simplemente deficiencias.

Si los padres y los hermanos no respetan al niño en su propia familia, ¿cómo va este a llegar a hacerse respetar en su vida actual y en la del día de mañana?

La familia, primer núcleo de pertenencia del niño, como explica Germain Duclos (2000) condiciona o influencia mucho su capacidad futura de adaptación». Así el niño repite en otros grupos lo que ha vivido y aprendido en su casa. «Gracias al apoyo de los miembros de su familia, prosigue, el niño llega a superar su egocentrismo y a tener en cuenta a los demás. Aprende también a comunicar, a afirmarse, a asumir responsabilidades, a respetar las normas establecidas y a compartir».

De ahí la importancia de profundizar en el tema de la disciplina en el ámbito familiar, ya que es en casa y en familia donde se establecen las bases sobre las que luego se trabajará cuando el niño llegue a la escuela.

Nuestras normas reflejan nuestros valores

¿Qué valores deseamos transmitir a los niños? ¿Qué clase de niño deseamos que llegue a ser nuestro hijo, nuestro alumno? De las normas que dictamos se siguen valores que nos benefician. ¿Deseamos que se transformen en adultos respetuosos, sensibles a los demás, ordenados, que procuran hacer bien su trabajo, capaces de cuidar de si mismos y de otros?

Del mismo modo, nuestras normas reflejan nuestros valores, emanan nuestra personalidad, nuestros conocimientos y nuestras costumbres.

Las normas son necesarias para el buen funcionamiento de la familia o de cualquier otro grupo humano. Sirven para dar seguridad al niño y guiarle en su desarrollo.

Como advierte también Germain Duclos (2000), «la elaboración de las normas de disciplina no tiene por objeto asegurar el bienestar de los adultos, sino proteger al niño, darle seguridad y cuidar de él. Estas normas, necesarias para inducir al niño a adquirir una conciencia moral y social, así como la autodisciplina y el sentimiento de seguridad, deben conllevar ciertas características». Según este autor, estas normas deben ser claras, concretas, constantes, coherentes y consecuentes. Veamos en que se concretan cada una de estas características:

Claras

- Las normas transmiten valores educativos al niño: respeto a sí mismo, a los otros y al entorno.
- Establecer pocas normas y claras, se apoya en la constatación de que los niños hasta los 12 años no tienen la capacidad para integrar y poner en práctica más de cinco normas a la vez.
- Debe haber consenso de los adultos acerca de esas normas para que el niño pueda comprobar que vive en un medio estable y coherente. La ausencia de consenso desemboca en contradicciones que confundirán al niño y le provocarán inseguridad.

Concretas

- Las normas son estables en función de acciones precisas que queremos ver realizadas.
- Se formulan en positivo.
- Son realistas, para que el niño sea capaz de respetarlas.

Constantes

- Se aplican con una suave firmeza.
- No varían en función del momento emocional del adulto.
- Tienen como característica fundamental dar seguridad a los niños.
- Llevan a los niños a ver a sus adultos de referencia, padres y maestros principalmente, como seres justos, fiables y dignos de confianza.

Coherentes

- El adulto predica con el ejemplo, actuando él mismo según los valores que se propone transmitir. Sobre todo debe preguntarse si resuelve sus propios conflictos de la manera en que pide al niño que él lo haga.
- Son coherentes, puesto que el niño verá que el adulto actúa en función de lo que aconseja. En cierto modo, la actuación del adulto debe ser un testimonio que inspira seguridad y confianza.

Consecuentes

- Las normas implican consecuencias lógicas o naturales, estrechamente ligadas al acto reprobado.
- Inducen al niño a asumir las consecuencias de sus actos, puesto que su finalidad es llevarle a desarrollar y a integrar el sentimiento de responsabilidad.
- Toman la forma de un acto reparador positivo. «Cuando el niño ha reparado su falta, indica Germain Duclos, el adulto debe indicar ese gesto positivo para que el niño viva el menor tiempo posible con una imagen negativa de sí mismo».

En el ámbito familiar, los padres deben establecer sus exigencias y sus normas lo más claramente posible, en lo que respecta a la relación entre los miembros de la familia (lenguaje y actitudes); al comportamiento a la hora de las comidas, de los deberes del colegio y de irse a la cama; en lo que se refiere al orden, al ejercicio físico, a la higiene personal, a hacer uso de la televisión y de los video-juegos, etc. El resultado de adoptar y poner en práctica los medios propuestos inducen a los niños a colaborar todavía más cuando las necesidades físicas y afectivas están satisfechas. Además los padres deben expresar frecuentemente su aprecio cuando el niño respeta las normas.

Una vez establecidas las exigencias, los adultos tienen que advertir al niño que él asumirá las consecuencias de su comportamiento si no respeta las normas y que tendrá que reparar lo que haya hecho mal. Es importante tratar todo esto con el niño cuando está en edad de comprender, antes de ponerlo en práctica.

Asimismo los padres deben descifrar lo que el niño expresa mediante su comportamiento y, de este modo, ayudarle a satisfacer sus necesidades de una manera aceptable en el respeto a los valores que desean transmitirle.

> Al niño que se levanta sin cesar durante las comidas, el padre le dirige este comentario: «Te resulta difícil quedarte sentado durante la comida. Has pasado todo el día sentado en el colegio. Pero, ¿cómo te sentirías tú si yo me levantara constantemente cuando estamos jugando al ajedrez? ¿Tienes una solución para quedarte sentado durante la comida? ¿Qué puedo hacer para ayudarte a que te quedes sentado?».

Actuar como en este ejemplo conlleva una inversión de tiempo más considerable que la que consistiría en pedir al niño que dejase la mesa, sin más advertencia. Las dos vías conducen al mismo resultado: el niño se quedará sentado durante la próxima comida. Pero lo que le habremos enseñado será muy diferente.

Si utilizamos la amenaza y el castigo, le enseñaremos a amenazar y a castigar. Si recurrimos a medios estimulantes, le enseñaremos a ser una persona que puede conducir su vida con dignidad. Los padres tienen una gran influencia en esta doble vía. No se debe descuidar la intervención, la posición de los padres es privilegiada al transmitir modelos de actuación.

Compartir las tareas familiares

El niño aprende que para vivir en sociedad, todos deben colaborar. Muchos padres asumen todas las tareas domésticas y familiares, porque se acaba antes y porque quieren evitar los conflictos o incluso porque excusan a sus hijos: «Ha tenido un día duro y es demasiado pequeño». En estas condiciones, ¿cómo va a aprender el niño que las cosas se consiguen con esfuerzo y que compartiendo las tareas, como se comparte la diversión, todos pueden expansionarse?

> Siempre me ha parecido justo que mis hijos, aun de corta edad, contribuyan a las tareas domésticas. Además yo tenía necesidad, como ellos, de distracciones y de momentos de relax. Por lo tanto tenían que colaborar, tanto más cuanto que yo, sencillamente, no podía con todo.
> Hubo un tiempo en que yo trabajaba a diario, y varias tardes a la semana. A la hora de la cena, sin su ayuda, no hubiera podido. Yo comprendía que habían trabajado duro todo el día en el colegio y que tenían ganas de jugar, pero también que yo necesitaba ayuda para prepararles la comida: «¿Qué queréis hacer para ayudarme?» «¡Nada!», me respondieron a coro. Les expliqué que, en ese caso, aunque me apetecía pasar ese momento con ellos, no habría cena. Me figuro que estando hambrientos como estaban y no siendo lo bastante hábiles en cocina como para preparar solos su cena, no les quedó más opción que colaborar.
> Poco tiempo después, en cuanto llegaban del colegio, oía: «¿Qué puedo hacer para ayudarte?». Mi hijo menor llegó a ser un excelente creador de ensaladas de todas clases. ¡Qué orgullo para él cuando degustábamos sus creaciones! Ahora los dos saben cocinar y lo hacen muy bien. Hemos convertido la tarea de preparar la cena, que podría haber sido un tiempo rutinario y aburrido, en un espacio de intercambio familiar y de desarrollo de la creatividad.

Todos los niños no reaccionan así. Los que se resisten no saben todavía qué extraordinario regalo les hacen sus padres dándoles la posibilidad de colaborar en las tareas familiares. El mensaje que les dan es el siguiente: «Te amo lo bastante como para enseñarte a que no tengas que depender para todo de mí, para querer que seas autónomo. Te doy mi confianza, te sé capaz de realizar esta tarea, y de realizarla bien». El amor y la confianza dan alas y es el objetivo que se persigue: enseñar a los niños a independizarse de nosotros, a ser autónomos.

Cuanto más pronto empecemos, más fácil será obtener su colaboración.

Desde la edad de 2 ó 3 años, el niño es capaz de hacer pequeños servicios, y de realizar tareas muy sencillas. Cuando imita a sus padres o cuando él dice que «puede», hay que aprovechar su motivación y animarle.

En general los niños deberían cumplir con sus tareas: ordenar su habitación, hacer su cama, poner su ropa en la cesta de la ropa sucia, meter sus platos en el lavavajillas. Además deberían completar una pequeña tarea cotidiana por el bien de toda la familia como poner la mesa, quitarla, preparar una ensalada, etc., según su estadio de desarrollo y su capacidad. También deberían contribuir con una tarea de más dificultad a la semana (limpieza, basuras...).

Algunas tareas que puede realizar el niño, según su edad

De 2 a 3 años, el niño puede...

- Lavarse los dientes (con un poco de ayuda).
- Abrir el grifo y llenar un vaso de agua.
- Dejar sus pañales sucios en el cubo de la basura.
- Meter la ropa mojada en la secadora.
- Llevar los platos a la mesa para la comida.
- Lavarse las manos y secárselas.
- Dejar su ropa sucia en el cesto.
- Recoger sus juguetes (con un poco de ayuda).
- Vestirse (con un poco de ayuda).

De 4 a 5 años, además de las tareas antes citadas, puede...

- Sacar sus juguetes de la bañera y quitar el tapón.
- Vestirse solo.
- Llevar los platos y los utensilios a la mesa.
- Llenar el recipiente de un animal con agua o con alimentos.
- Sacar los utensilios del lavavajillas y guardarlos.
- Recoger y guardar sus juguetes.

Con 6 años, además de las tareas antes citadas, también puede...

- Recoger las hojas secas.
- Pasar un trapo húmedo por la mesa después de la comida.
- Poner su plato y su vaso sucios en el lavavajillas.
- Lavarse el pelo (con la supervisión de un adulto).
- Firmar él mismo sus tarjetas de felicitación y de agradecimiento.
- Aportar su ayuda en la tienda de comestibles poniendo él mismo algunos artículos en la cesta y llevando una bolsa que pese poco.
- Ayudar a sacar del coche las bolsas de la tienda.

Entre 7 y 9 años puede, además de las tareas antes citadas...

- Poner el despertador.
- Limpiar el lavabo y la bañera.
- Arrancar las malas hierbas del césped.
- Buscar palabras en el diccionario.
- Lavarse el pelo.

- Preparar un sándwich y una fiambrera.
- Quitar el polvo del salón.
- Escribir y llevar al correo sus invitaciones de cumpleaños.
- Quitar y limpiar la mesa.
- Ordenar su habitación y hacer su cama.
- Barrer el suelo.
- Lavar el coche.
- Preparar su desayuno.
- Pasear al perro.
- Llenar y desocupar el lavavajillas.
- Guardar la ropa limpia.
- Ayudar a preparar las comidas.
- Tirar la basura.
- Limpiar y ordenar los cajones y los armarios.
- Empezar a administrar su paga con la supervisión de un adulto.
- Organizar correctamente la rutina para sus deberes y lecciones.
- Preparar su ropa y su mochila para el día siguiente.

De 10 o 12 años puede, además de las tareas antes citadas...

- Cortar la hierba del jardín.
- Pasar el aspirador.
- Preparar comidas sencillas.
- Utilizar la lavadora y la secadora.
- Comparar los precios en la tienda de comestibles y calcular el total con la ayuda de una calculadora.
- Hacer recados.
- Cuidar de una mascota; por ejemplo, sacar a pasear al perro.

Cómo animar a los niños a que participen en las tareas domésticas

Para animar a los niños a participar en las tareas domésticas, ante todo han de ser los padres los que le sirvan de modelo. ¿Es posible que los padres cumplan las tareas domésticas sin refunfuñar procurando incluso disfrutar, canturrear mientras andan atareados por la casa, por ejemplo? Juegos y humor son más atrayentes y motivan más al niño. Será más fácil que el niño quiera colaborar si ve al padre realizar las tareas domésticas contento y convencido de la importancia de hacerlo entre todos. Asimismo, mejor que expresar su hastío por hacerlo todo él solo, un padre hábil indicará sus limitaciones y sus necesidades.

Más adelante, puede preguntar por lo que cada cual está dispuesto a hacer e, idealmente, dejará escoger al niño la tarea que prefiera. En caso de que dos niños elijan la misma tarea, se echará a suertes.

El momento del cumplimiento de las tareas debe ser claro y sin ambigüedad y las dos partes (padre e hijo) deben estar de acuerdo sobre las consecuencias que se derivan por faltar a este acuerdo.

Finalmente el padre animará a su hijo a cumplirlas y se asegurará de que se respete la siguiente regla: «Primero las tareas, después la diversión». De modo que no se pone la televisión más que cuando se ha terminado la tarea; se hace la limpieza antes de ir al cine en familia, y se ordena la habitación el sábado antes de irse a jugar con los amigos.

Sueños de familia

¿Por qué no invitar a la familia a una cena festiva con el tema «una familia ideal»? Planead juntos el menú y la decoración y preguntad a cada miembro de la familia cómo podría colaborar en esta cena. Lo mejor sería que cada cual estuviera de acuerdo con su papel.

¿Qué habría que hacer para que ésta fuera una cena de fiesta? Establezcamos el objetivo de esta cena y pidamos a los niños, si están en edad de hacerlo, que reflexionen sobre cómo debe ser «una familia ideal». Y durante la comida, que cada uno tome la palabra y comparta sus reflexiones sobre «una familia ideal».

Por ejemplo, una familia ideal es una familia en la que:
- No se grita.
- Cada cual se siente buena persona.
- Se come lo que se quiere.
- Todos se lo pasan bien juntos.
- Se come delante de la tele.
- Se puede estar en pijama por las mañanas durante el fin de semana.
- Todos se sienten queridos.
- Sus miembros se ayudan mutuamente.
- Se puede invitar a los amigos a comer o a dormir en casa.
- Se animan unos a otros.
- Se puede escoger una actividad familiar por turno.
- El trato es respetuoso.
- Se evitan los conflictos.
- Cuando hay problemas se solucionan entre todos.

Después, cada cual escoge una de las afirmaciones anteriores, y se hace la pregunta de si es realista. Si lo es, ¿qué se puede hacer para conseguirlo?, ¿cuándo y cómo puede hacerse realidad? Veamos algunos ejemplos.

No se grita. «¿Estáis de acuerdo?». Seguramente los niños lo estarán, ¡sobre todo si os oyen gritar en casa! «¿De qué medios disponemos nosotros para dejar de gritar en casa?». Se podría poner una silla en un lugar tranquilo de la casa con un reproductor y música tranquila que induciría a la calma, para retirarse allí en los momentos de tensión.

Sus miembros se ayudan mutuamente. «¿Estáis de acuerdo?». «¿Pero cuándo pueden ayudarse?». A la hora de la comida, por ejemplo, o cuando un niño tiene una tarea difícil que hacer, como un trabajo de investigación. «¿Cómo podría llevarse a cabo esa ayuda mutua?».

Se come lo que se quiere. «¿Es realista esto?». No. Sin embargo, ¿no podrían los miembros de la familia escoger por turno el menú de una cena a la semana?

Estas comidas en común son una excelente ocasión de hablar sobre nuestros éxitos, nuestras dificultades, nuestros proyectos y, sobre todo, tener tiempo para relacionarse, escuchándose unos a otros sin sentirse impelidos a tener que respetar un horario estricto. Mientras nos alimentamos, también enriquecemos los lazos que nos unen los unos a los otros. Además, reforzamos considerablemente el sentimiento de pertenencia a la familia.

Estas reuniones de familia en torno a la mesa son también momentos en los que todos pueden expresarse sobre las mejoras que se desean en la vida en común. Se hará con el deseo de no herir, de preservar la autoestima y la dignidad del otro.

Hay una sencilla forma de decir lo que es desagradable sin ofender a la persona. Se hace partiendo de observaciones o de palabras concretas: «Cuando dices... o haces... me siento...», «cuando te levantas de la mesa varias veces durante la comida, me pongo nervioso». También podemos enseñar a los niños a que digan simplemente: «No me gusta cuando...», si son demasiado pequeños para poner nombre a los sentimientos. «No me gusta cuando Berta me empuja por la escalera, como ha hecho esta mañana», lo que evita los juicios como: «Has sido mala porque me has empujado por la escalera».

Se trata también de una ocasión única para decir a los otros cuánto se les aprecia.

- «Te agradezco, Berta, que hayas recogido mis juguetes mientras que yo terminaba mi trabajo de investigación».

- «Te agradezco, María, que me hayas dicho claramente, con palabras, las razones por las que estabas rabiosa conmigo».
- «Mamá, te agradezco que no te hayas enfadado cuando he entrado en casa con las botas mojadas y solamente me hayas pedido que limpiara lo que he ensuciado».
- «Papá, te agradezco tu serenidad cuando me he puesto nervioso haciendo los deberes. Sólo me has dicho: "Qué decepcionante debe de ser no acordarse de resolver un problema. ¿Puedo ayudarte, Alfonso?". Me he sentido una persona mayor».

Es importante reconocer al otro, no sólo por lo que hace, sino también por lo que es. Paralelamente, es importante reconocer los esfuerzos y no sólo los resultados. Imaginemos ahora los lazos que podemos a tejer y reafirmar entre todos por esos simples momentos de relación auténtica. ¡Imaginemos lo que los niños van a recibir para sus relaciones actuales y futuras!

Esta dinámica para crear y vivir juntos los sueños de familia, también puede llevarse al aula, donde juntos, maestros y alumnos pueden decidir que tipo de clase o de colegio quieren ser: «una clase ideal es donde...», «mi colegio es un lugar donde todos podemos...».

La capacidad de admirarse a cualquier edad

¿Os acordáis de la última vez en que alguien se ha sentido admirado ante lo que hemos realizado, ante una de nuestras ideas o de algo que habíamos hecho? ¿Cómo nos hemos sentido? ¿Hemos sentido que éramos únicos en el mundo? La verdad es que se trata de un sentimiento incomparable.

¿Qué nos produce admiración a nosotros mismos? ¿Una puesta de sol, el genio de un arquitecto, el valor de un amigo? ¿Qué hay de único y maravilloso en cada uno de los miembros de nuestra familia, de nuestros amigos y compañeros? ¿Qué hay de único y de maravilloso en nosotros mismos? ¿Reconocemos que nuestro hijo, cada uno de nuestros alumnos, es completamente único? Cuando se reconoce esta realidad, se da alas al niño para que vaya desarrollando su diferencia, eso que lo hace único y especial, y así llega a ser posible que se realice plenamente, porque se sabe amado y reconocido.

> **Un momento de reflexión**
>
> ✓ *Es importante reflexionar antes de decidir las normas que queremos establecer, ya sea en casa, en la clase o en el colegio.*
> ✓ *También es importante que, en la medida de lo posible, esas normas sean concensuadas.*
> ✓ *Establezcamos cómo intervenir si se faltara a esas normas: ¿Consecuencias, reparación, retractación?*
> ✓ *¿Qué es para nosotros una familia ideal, un colegio ideal?*
> ✓ *¿Cuándo y cómo vamos a comunicar al niño lo especial que es?*

Conclusión

Son muchos los adultos que constatan que al someter a los niños a una disciplina se han vuelto ellos mismos más disciplinados; que al respetar más a los niños, ellos han aprendido a respetarse más, y que el amor hacia sí mismos ha aumentado al mismo ritmo que el amor a los más pequeños.

Muchos adultos se han dado cuenta de que iban creciendo y desarrollándose a lo largo de esta experiencia de vida, la más rica y apasionante que existe, la de educar a un niño.

En todo niño hay ese ser único y maravilloso que sólo espera que un adulto tenga fe en él y le trate como a alguien digno de aprender a comportarse bien y a desarrollarse en contacto con los demás.

En todo adulto que se hace cargo de la educación de un niño hay una persona que aspira profundamente a dar lo mejor de sí mismo y ser un modelo de realización para éste.

Al concluir la redacción de este libro, solo me resta desear que padres y educadores realicen sus sueños y cumplan plenamente su misión educativa, para que, a su vez, todos los niños amen y se desarrollen plenamente en su vida actual y futura.

Bibliografía

BARKLEY, R. A. *Defiant Children: Parent-Teacher Assignments.* Nueva York: Guilford Press, 1987. (Trad. esp.: *Hijos desafiantes y rebeldes: consejos para recuperar el afecto y lograr una mejor relación con su hijo.* Barcelona: Paidós, 2002).

BENOIT, J. A. *Le défi de la discipline familiale.* Montréal: Éditions Quebecor, 1997. (Trad. esp.: *La disciplina en casa,* Bilbao: Mensajero, 2002).

CHARLES, C.M. *La discipline en classe: de la reflexión à la pratique.* Saint-Laurent: ERPI, 1997.

CHELSOM GOSSEN, D. *La réparation: pour une restructuration de la discipline a l'école.* Montréal: Cheneliére/McGraw-Hill, 1997.

CLOUTIER, G. *Programme de formation pour les parents d'enfants defiant l'autorité parentale.* Montréal: G. Cloutier, 1999.

DREIKURS, R. *Le défi de l'enfant.* París: Laffont, 1972.

DUCLOS, G. *Vestime de soi, un passeport pour la vie.* Montréal: Éditions de l'Hôpital Sainte-Justine, 2000. (Trad. esp.: *La autoestima, un pasaporte para la vida.* Madrid: Edaf, 2011).

DUCLOS, G., LAPORTE, D. y ROSS, J. *Les besoins et les défis des enfants de 6 a 12 ans.* Saint-Lambert: Éditions Héritage, 1994.

DUCLOS, G., LAPORTE, D. y ROSS, J. *Les grands besoins des tout-petits.* Saint-Lambert: Éditions Héritage, 1994.

GLASSER, C. *Mon monde de qualité.* Montréal: Cheneliére/McGraw-Hill, 1997.

GLASSER, W. *L'école qualité: enseigner sans contraindre.* Montréal: Éditions Logiques, 1996.

GLASSER, W. *La thérapie de la réalité.* Montréal: Éditions Logiques, 1996. (Trad. esp.: *La «Reality therapy»: un nuevo camino para la psiquiatría.* Madrid: Narcea, 2ª ed., 1979).

GLASSER, W. *La théorie du choix.* Montréal: Cheneliére/McGraw-Hill, 1997 (Trad. esp.: *Teoría de la elección: una nueva psicología de la libertad personal.* Barcelona: Paidós, 1999).

KNAPCZYK, D. *Guía de autodisciplina.* Madrid: Narcea, 2008.

LAVIGUEUR, S. *Ces parents á bout de souffle.* Montréal: Éditions Quebecor, 1998.

MUSSON, S. *Les services de garde en milieu scolaire.* Sainte-Foy: Presses de l'Université Laval, 1999.

REASONER, R.W. *Comment développer l'estime de soi.* Edmonton: Psychometrics Canadá, 1995.

SÉVÉRIN, G. *Que serais «je» sans «toi»?* Paris: Éditions Albin Michel, 2001.

SULLO, R.A. *J'apprends à être heureux.* Montréal: Cheneliére/McGraw-Hill, 1998.

VIEIRA, H. *La comunicación en el aula.* Madrid: Narcea, 2007.

WELLS, K. C. *Comprendre et traiter les enfants et les adolescents atteints de troubles oppositionnels et de troubles de conduite.* Ottawa: J & D Seminars, 1999.

RENOVAGRAF
contato@renovagraf.com.br
Fone:(11) 2667-6086